探寻北京文化 Explore Beijing culture
展现北京魅力 Embody the charm of Beijing

北京文化探微

张维佳 郗志群 贺宏志 主编
陈溥 著

The Call of the Ancient Capital

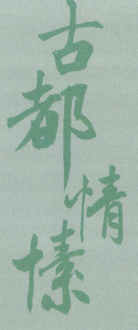

古都情愫

Hutong and Siheyuan in Beijing

北京的胡同与四合院

北京出版集团
北京教育出版社

图书在版编目（CIP）数据

古都情愫：北京的胡同与四合院 / 陈溥著. — 北京：北京教育出版社，2018.12（2020年11月重印）
（北京文化探微 / 张维佳，郜志群，贺宏志主编）
ISBN 978-7-5704-0899-3

Ⅰ. ①古… Ⅱ. ①陈… Ⅲ. ①胡同－北京－通俗读物②北京四合院－通俗读物 Ⅳ. ①K921-49②TU241.5-49

中国版本图书馆CIP数据核字（2018）第281263号

北京文化探微

古都情愫
北京的胡同与四合院
GUDU QINGSU

张维佳　郜志群　贺宏志　主编
陈　溥　著

出　版　北京出版集团
　　　　北京教育出版社
地　址　北京北三环中路6号
邮　编　100120
网　址　www.bph.com.cn
总发行　北京出版集团
经　销　全国各地书店
印　刷　三河市同力彩印有限公司
版印次　2018年12月第1版2020年11月第2次印刷
开　本　710毫米×1020毫米　1/16
印　张　10.75
字　数　146千字
书　号　ISBN 978-7-5704-0899-3
定　价　53.00元

如有印装质量问题，由本社负责调换
质量监督电话 010-58572393

编委会

丛书主编：张维佳　郜志群　贺宏志

编　　委：（以姓氏笔画为序）

马淑琴　王天娇　王木霞　王东平　王京晶　戈兆一
白文荣　白　巍　冯　蒸　吕秀玉　朱冬芬　李冬红
李迎杰　李　艳　杨安琪　杨学军　伽　蓝　汪龙麟
张　孚　张冬霞　张亦弛　张维佳　陈春馨　陈　晴
陈　溥　赵建军　赵春光　赵崴羽　柴华林　高丽敏
黄丽敬　崔　静　彭　帅　韩雅青　蔡一晨

总　序

　　在任何一个国家，其首都文化都是立足于首都定位，根植于首都特色文化资源，在国家文化建设中起着示范性和引领性的作用。美国城市文化学者刘易斯·芒福德（Lewis Mumford）关于城市文化有一段著名论述："世界名都大邑之所以成功地支配了各国的历史，是因为这些城市始终能够代表他们的民族和文化，并把绝大部分流传后代。"

　　进入21世纪，中国迎来了新的历史时代。十九大报告明确指出"文化自信是一个国家、一个民族发展中更基本、更深沉、更持久的力量"，"深入挖掘中华优秀传统文化蕴含的思想观念、人文精神、道德规范，结合时代要求继承创新，让中华文化展现出永久魅力和时代风采"。"大力推进全国文化中心建设，提升文化软实力和国际影响力"是北京当前和今后一段时期的重要战略任务。如何弘扬和发展首都文化是北京建设全国文化中心的重要课题，对北京发展具有全局性的战略意义。

　　在这一新的时代背景下，我们十分需要对北京文化进行重新认识与解析，这是北京文化探微丛书出版的使命。

　　北京有着三千年的历史，是世界著名的古都和现代国际城市，孕育了底蕴深厚、丰富多彩、独特多元的北京文化。北京文化按照时间划分，可分为古代、近代、现代、当代四大类。按照内容性质，可细分为古城、皇家、民俗、革命、工业遗产、现代特色、大众休闲、文化艺术、奥运和文化教育等小类，并各自有着不同的空间载体。不同时期和类型的文化资源反映出北京城市文化精神内涵的不同方面。

　　北京文化探微丛书中一部分对北京城市文化空间现状进行简要解析，以期探索北京未来的文化发展空间与模式。比如长城、西山、长安街、中轴线、798艺术区等；丛书同时解析了数百年来人们在社会生活中形成并传承下来的各种文化形式，比如京剧、曲艺、老字号、俗语民谣等，意在普及推广优秀的传统文化，促进其在新时代的传播与发展。丛书循着"浅入浅出"的原则，结构上以散点的形式对北京文化的核心价值进行提炼，内容上关照承继，注重当下，面向未来，用通俗易懂的语言和具有代表性的图片，梳理北京文化的诸多方面。丛书力戒专业知识的堆砌，侧重义理的阐发，阐明北京文化中体现人类普遍价值和现代意蕴的内容，传承历史，裨益当代。

丛书在论述北京文化的过程中，始终把中华文化作为参照。中华五千年文化源远流长、博大精深，它是中华民族几千年文明的结晶，是由中华民族创造，为中华民族世世代代所继承发展，具有鲜明民族特色和深刻内涵的文化。从古至今，中华文化都对世界文明的发展贡献巨大，影响深远。北京文化是中华五千年文化的一部分，是中华文化在北京这一特定区域的特色化发展，北京文化无不具体体现着中华文化的印迹。

北京文化探微丛书以文化自信为依归，在新时代背景下和国际化的视野中重新审视北京文化，向大众展示北京的首都风范、古都风韵、时代风貌，擦亮首都文化的"金名片"，是一套"立足本国又面向世界"的普及类图书，可以很好地助力北京在全国文化建设中发挥示范带动作用，助力北京文化走出去，助力北京在国际上形成更大的影响力。

张维佳

北京的血脉与细胞

北京是中国首都，有超过50万年的古人类进化史，2万年的人类生活史，超过3000年的建城史和超过860年的建都史。元、明、清三代，北京跃升为东亚文明的中心，是古代东方文明的集中代表，是中国传统社会发展到顶峰的代表与最后结晶。

历代王朝在北京留下众多文化遗迹：规模宏大的宫殿建筑、保存完整的皇室陵寝、风景秀丽的皇家园林和形态各异的寺观坛庙。它们作为中国悠久历史的见证者和讲述者，集中反映和代表了中国古代都城营造艺术的最高成就。

同时，北京有着数千条长短宽窄不一、相互纵横交错的胡同及同样星罗棋布的四合院，这些构成了北京城市最基本的肌理。初看起来，胡同与其两侧的四合院都是灰墙灰瓦，整齐划一，仿佛区别不大。但如果深入进去仔细观察，就会发现胡同的来历各有不同，再和老住户聊上一阵，更会了解到每条胡同都有自己的故事，都有传奇的历史。就是在这些胡同和四合院里养育了一代代北京人，他们在这里生存、劳作、繁衍；胡同和四合院又是一座座历史舞台，多少震撼中国和世界的历史事件在这里上演，多少名垂千古的人物在这里居住、活动；胡同和四合院里还隐藏着许多至今无法破译的秘密：王恭厂大爆炸、朝天宫大火……胡同和四合院承载着北京这座城市的历史记忆，诠释着城市的文明演进，彰显着城市的文化品格。胡同与四合院是北京的血脉与细胞，是北京城市的魂与根。要想了解北京，研究北京，探讨北京博大精深的文化底蕴，可从它的历史变迁、城市结构等宏大的方面着眼，同时也可以从北京最常见、最不起眼的胡同、四合院入手，以小见大，它们的来源、发展、变迁、现状，同样可以反映整个北京城历史文脉的传承。

　　如果对北京感兴趣，对北京的胡同与四合院感兴趣，请读读这本书。本书用通俗简练的语言介绍北京胡同与四合院的基本常识，让人领会到历代的能工巧匠是如何用砖瓦木石建起一条条胡同、一座座院落，并将他们的思想意识、伦理观念、审美情趣通过这些胡同、院落明确具象地呈现出来。了解了这些，或许会对北京文化的博大精深有更深的理解吧。

陈　溥

目 录

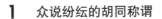

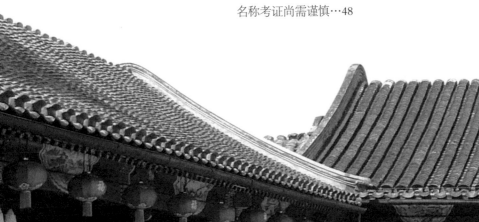

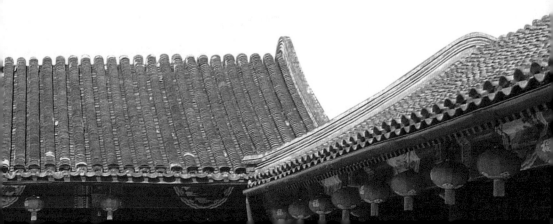

古都情愫

北京的胡同与四合院

1

众说纷纭的胡同称谓

胡同是什么

什么是胡同？用学术语言讲是城镇道路的一种特殊形态，是狭长的两边有建筑的道路形态，是城镇道路中比大街、小街更低一等的道路形态。通俗地说，就是小街巷，更具体地说，是以居住为主要功能的小街巷。胡同是狭窄的，它的长度要比宽度长许多倍，它的两边要有建筑，起码要有墙，两边没有建筑的田间小道、山间小道一般是不能叫作胡同的。

这样的小街巷在我国南方多叫里弄或弄堂，在西北多叫巷，而在东北、华北地区则叫胡同。这仿佛是常识，但认真研究起来却大有学问。而北京就有许许多多宽窄不同、长短不一的各式各样的胡同。（图1-1）（图1-2）（图1-3）（图1-4）（图1-5）

为什么小街巷在北京叫胡同？胡同这个词从何而来？这个问题从明代就有人开始研究了。几百年来各种论点、论据层出不穷，近几十年争论尤为激烈，不少知名的专家学者都发表过自己的看法，至今这一问题还没有最终结论。

图1-1　西城区柳荫街（作者提供）

图1-2　西城区白塔寺东夹道（作者提供）

图1-3　东城区北新桥头条（作者提供）

图1-4　东城区新太仓胡同（作者提供）

图1-5　西城区达智桥胡同（作者提供）

胡同一词的起源争论

胡同一词从何而来，目前有很多种不同观点，这些观点又可分为两大派。

一派认为胡同一词是从蒙古语演变而来，认为胡同是从元大都开始出现的，而元朝是蒙古人建立的，他们的语言必然影响元大都的各方面。但究竟由什么词演变而来，又有不同认识。

一是由蒙古语"水井"一词演变而来。著名语音学家张清常教授指出，蒙古语水井发音"Huddug"，音译为忽洞、胡洞等，逐渐演变为胡同。因为凡是居民聚集处必须有水，人们常说"市井人家"，人是离不开水的。所以逐渐将水井的译音专用于称呼居住人的小街道，也就是胡同。如今，北京叫井的胡同很多，如甜水井、三眼井、四眼井、金井、沙井等，多达几十条，这也被认为胡同是由蒙古语水井演变而来的证据。

二是蒙古语"浩特"的音译。"浩特"在蒙古语中是居民聚落之意，后来发展的含义为城镇，如今还有呼和浩特、二连浩特等城镇名。小街巷也是居民聚落之地，因此也叫浩特，后转音为胡同。

三是由"火弄"一词转音而来。在建大都时，每组大的院落之间为通风更为防火，都留有通道，将建筑物隔离，这种通道叫火弄或火巷等，后转读为胡同。

以上三种说法，虽然具体来源不同，但共同之处是胡同一词源于蒙古语，是由蒙古语谐音转音而来。

其中"水井"说影响尤为深远。许多媒体、出版物、导游词甚至中学课本上都纷纷引用。"胡同"是蒙古语"水井"一词表音而来似成定论。

另一大派的意见和以上相反，认为胡同一词是汉语固有的，是由南方的"弄堂"一词发展变化而来的。

1991年，著名红学家周汝昌先生在《北京晚报》撰文，质疑胡同与蒙古语有关。周先生说胡同是小巷，和井、泉、城颇有差异，如只就音寻源，汉语中的和屯、混沌、洪洞、滹沱与胡同的发音也非常接近，未必一定来自蒙古语。后来有许多学者从语言学、音韵学的角度研究考证这一问题。

作为单字的"衚"最早见于先秦《山海经》和东汉许慎的《说文解字》，后者已指出它具有街道的意思。同时记载"衚"与"衕"两字的书是《玉篇》，其编纂者顾野王是南朝梁陈之间的人，比元代要早七百年左右。《尔雅》中说，"衚，音巷"。《广韵》中说："今南方呼巷为衚，北方呼巷曰胡衚。"有学者发现，早在南北朝时期（420—589）弄的古字写为"衖"，弄堂也称为衖堂、衖通。唐宋时吴音大盛，作为小巷的"弄""里弄""衖堂""衖通"等，也很快传到了北方。

还有一个问题对胡同是否源于蒙古语十分关键，即金、元时的北京讲什么语言，是汉语，是女真语还是蒙古语。

经考证，北京地区在辽、金时期，以定型的中原之音为基础，元朝

图1-6 《老乞大谚解》内页（作者提供）

时依旧以中原之音为正音，元大都人所说的北京话被定为四海同音的"中原之音"。北京话不仅成为各地来京人员通用的口语，而且成为各方言之间共同的交际工具。

后来又从一本朝鲜古书中找到证据。朝鲜高丽朝末期相当于中国元末，有一本书叫《老乞大》，是一本重要的汉语教科书，写几名高丽客商与一名辽阳人去元大都做买卖的过程。乞大是当时朝鲜人对中国的称呼，因为辽朝是契丹人建的，契丹成为中国代名词，转音为乞大。这本书是用地道的北方口语写的，证实当时元代人用汉语说话。这本书里称胡同为胡洞，是汉语。（图1-6）

书里写道："如今朝廷一统天下，世间用著的是汉儿言语，咱这高丽言语，只是高丽地里行的。过的义州，汉儿田地里都是汉儿言语。"书里还写道："这胡洞窄，牵着马多时，过不去。"证明当时已将小巷称为胡洞。而且书里同时出现过"井"，表明胡同与井无关。

至于说胡同是由蒙古语"火弄"一词转音而来，更没有道理。火弄、火巷是南方普遍使用的街巷通名，并不是蒙古语，只能说是元人修建大都后借用了南方的词汇称比大街、小街低一等的小街巷。

总之，说胡同一词来源于蒙古语"水井"或"城镇"等词并无确切的证据，况且元大都当时的通用语言是汉族北方口语而并非蒙古语。如果从语言学、音韵学角度考证，"衖堂""衖通"等与胡同发音相似的词汇早在南北朝时已在中国南方出现，是汉语固有之词。下一章在探讨胡同发展历史时，这一点将更为明确。

古都情愫

北京的胡同与四合院

2

悠久绵长的胡同历史

辽金时代已有胡同

街巷胡同都是城市发展的产物，谈北京胡同的形成、发展与变迁，必然要联系到整个北京城市的兴起、建立与发展变化，特别是北京的城址变迁。（图2-1）

北京建城历史极为悠久，在西周时期，北京地区已有了奴隶制国家，较强盛的有蓟、燕两国。《礼记·乐记》篇载："武王克殷反商，未及下车而封黄帝之后于蓟。"《史记》载："周武王之灭纣，封召公于北燕。"燕国的都城在今房山区琉璃河董家林村。蓟国的都城蓟城在今北京市区的西南隅，广安门一带。后来燕国逐渐强盛而蓟国衰落，

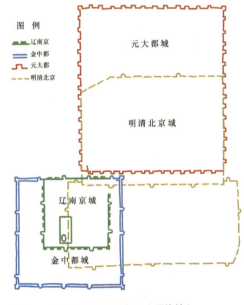

图2-1　北京城址变迁示意图（项峥绘）

约在春秋初期，燕国兼并蓟国，并将国都迁至蓟城，董家林古城逐渐废弃。现在学术界认为，周武王伐商灭纣，封黄帝之后于蓟定为北京建城之始，这一年是公元前1045年。

春秋战国时期，燕国日益强大，崛起于北方，争霸于中原，号称七雄之一。燕国的都城蓟城也日益繁华，被称为"富冠海内"的天下名都。

公元前221年，秦灭六国，完成了一统天下的霸业。蓟城从燕国的国都变成了秦王朝控制下的北方军事重镇和边贸中心。在此后的一千余年间，每当中原统一势力强大之时，蓟城必然是南北贸易和文化交流的中心，又是中原势力的北方门户。反之，每当中原政局分裂，内外矛盾加剧，蓟城又往往是军事上的必争之地，其战略地位和交通枢纽的作用更显突出，并逐渐发展成为中国北方地区多民族共居的中心城市。这一时期蓟城的名称几经变更，先后称为燕都、燕郡、幽州、涿郡、范阳郡、广阳郡等。城址却一直在今广安门一带，虽略有变动或扩张，但基本延续未变。

在北京城的发展史上，辽代和金代是相当重要的两个时期，是北京由一个北方军事重镇向全国的政治、经济、文化中心过渡的时期。

辽朝是契丹族建立的。契丹族原居于今辽宁省西北部辽河上游，唐代末年迅速崛起。趁五代的衰乱，于916年建立契丹政权，后又吞并东邻的渤海国，实力更加雄厚。契丹于947年（另说为938年）改国号为辽，将幽州改为陪都，称南京，又称燕京。辽南京城基本上是沿用唐幽州旧城，城"周二十余里，城高三丈、宽一丈五尺"，设有八个城门，皇城建在城西南角，城内有二十六坊。

中国古代的城市管理一直延续里坊制。在棋盘式道路网内，划分出若干方方正正的里坊，里坊四周砌有高大的围墙和坊门，每日实行宵

禁，形成封闭的居住系统。城里的各坊有坊名，而坊内的街巷胡同没有
名称。直至北宋中叶，由于商业与手工业的空前发展，城市人口日益增
加，宵禁制度已不适应城市生活的需要。随着宵禁制度的取消，坊墙与
坊门也逐渐失去了原有的功能，于是拆除了里坊的围墙。城市管理从封
闭的里坊制逐步过渡到开放的坊巷制。原来封闭在里坊内的小巷胡同可
以直通坊外，与大街小街相通，在城市中的地位得到了空前提升。

在辽南京城的二十六坊内，许多胡同已有了名称。北京房山云居寺
石刻佛教大藏经题记中出现了许多街巷名称，如齐相公巷、井儿巷、大
花巷、老君巷等。这些可能是北京城最早出现的小巷胡同名称，距今已
千余年。

11世纪初，正当辽与北宋形成南北对峙局面时，东北松花江流域一
支称女真族的少数民族日益强盛。1115年，女真族首领完颜阿骨打建立
金朝，定都上京（会宁府，今黑龙江省阿城）。1126年金军南下攻宋，
并占领燕山府。翌年，北宋亡。海陵王完颜亮于1149年发动政变，取代
金熙宗自立为帝。贞元
元年（1153年）正式迁
都于燕京，改燕京名为
中都。（图2-2）

金定都中都后，进
行了大规模的建设，以
原辽南京城为基础，除
北城墙依旧外，东、
西、南三面都大大向外
扩展，其位置大约在
今天北京市区西南角。

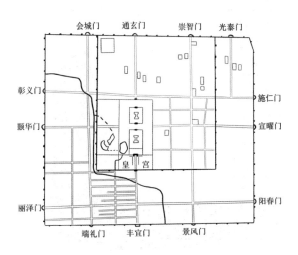

图2-2 金中都平面示意图（高毅明绘）

城四面各开三门，后北城墙又增一门，共十三门。城内置六十二坊，前朝后市，街如棋盘。皇城略居全城中心，宫室建筑分三路，中路殿宇九重，结构严谨，规模宏伟。宫城西侧为风景优美的苑囿。

金中都的建立在北京城建史上具有重大意义。这是在北京正式建都的开始，也是北京逐步成为全国最重要的政治中心的开始。

海陵王迁都金中都时，已是南宋绍兴二十三年（1153年），城市中里坊制已完全废除。近年对金中都考古勘察发现，金中都向西、南、东三面的扩建部分，完全采用了开放式的坊巷制。金中都的西南部，原是辽南京城外的农田，扩建时东西方向建成了多条平行的等距离的胡同。海陵王将其间的空地赐给官员和护卫军士建造住宅、商铺，胡同从被封闭的坊墙里解脱出来，得以直接与大街、小街相通。到了宋、金以后，胡同的称谓已在中国北方地区较广泛使用，经常与巷一起称呼小的街巷。今骡马市大街南北的一些小街巷，如南边的果子巷、贾家胡同、米市胡同、丞相胡同及北边的北柳巷、南柳巷、魏染胡同、铁门胡同等都是当时金中都遗留至今的街巷。（图2-3）（图2-4）

元杂剧是金、元时最流行的娱乐形式。元杂剧是明代人对北曲杂剧的称呼，实际上它发祥于金中都。元杂剧的一些著名作家，如关汉卿、王实

图2-3　魏染胡同街牌（作者提供）

图2-4　北柳巷（作者提供）

甫、马致远等在金代末年已活跃于金中都。胡同这一对北方城镇中小街巷的时尚称谓也在早期北曲杂剧中得以反映。如关汉卿《单刀会》中有"杀出一条血胡同来"，王实甫《四大王歌舞丽春堂》中有"更打着军兵簇拥，可兀的似锦胡同"等。胡同也随着北曲杂剧的流行、传唱而扩大影响，提高知名度。

13

大都新城尊崇火巷

中都城作为金朝的统治中心仅经历60余年，于1215年被崛起于中国北方的另一个少数民族蒙古族的骑兵攻破。中都城被大火焚烧，遭到了极大的破坏。

1260年忽必烈夺得汗位，以开平府（今内蒙古自治区正蓝旗）为上都，并着手在燕京之地修建新都。

但是，新都并没有建在金中都旧址上，而是在金中都的东北方择地重新规划建设。原因是当时金中都已被焚毁，重建较困难，封建皇帝为表示自己的意志和尊崇也不愿住在旧址，而要另建新的宫殿。还有一个重要的原因是，作为辽南京、金中都水源的莲花池水系水量日渐减少，已不能满足城市发展的需要。于是忽必烈命刘秉忠主持另择新址，重新规划建设。至元八年（1271年），忽必烈将国号改为"元"，将新都定名为元大都。

建都工程从至元四年（1267年）破土动工，直至至元三十年（1293年）才全部完工。大都新城周围六十里，东、西、南三面均有三门，唯北面仅有两门。东西城墙位置即现东西二环路内侧，北城墙即元大都城

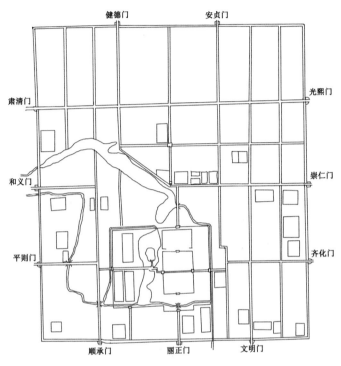

图2-5 元大都平面示意图（陈胤宏绘）

垣遗址公园一线，南城墙在今长安街一线略南，呈规则的长方形。城内街道整齐形如棋盘，大街宽24步，小街宽12步，还有许多平行排列的胡同。皇宫的建设以太液池中的琼华岛为中心，湖东岸以南建大内，以北为御苑，湖泊西岸，南北各为太子和太后居住的两组宫殿。环绕这三组宫殿加筑了一道城墙，当时叫作萧墙，又称红门拦马墙，里面即为皇城。（图2-5）

元大都是完全新建的，是在严格的完整的规划下建成的，异常宏伟、规整。意大利旅行家马可·波罗看到元大都整齐的街道大为惊讶。他赞美说："街道甚直，此端可见彼端，盖其布置，使此门由街道远望彼门也……全城中划地为方形，画线整齐，建筑官舍……方地周围皆是美丽道路，其行人由斯往来。全城地面有如棋盘，其美善之极，未可言宣。"确实，当时大都是世界上最美丽、壮观、整齐的城市。

元末熊梦祥编纂的《析津志》说："街制，自南以至于北谓之经，自东至西谓之纬。大街二十四步阔，小街十二步阔，三百八十四火巷，二十九衖通。"指元大都的街道按大街、小街、火巷、衖通四等分级，规划十分严格。"步"是元代的度量单位，一步约为现在的1.54米，即大街宽约37米，小街宽约18.5米。而火巷与衖通的宽度没有记载。

火巷是南方普遍使用的街巷通名，宋、金交战时初创于南宋。南方的小街巷多弯曲狭窄，起火时很难扑救，房舍常常被大片烧毁。南宋淳熙十三年（1186年）武昌古城南门外的商业区南市发生了一场大火，因街巷狭窄难以扑救，烧毁达一万多家。当时刚上任的鄂州知府赵善俊为杜绝后患，采取了"辟火巷"的措施。在街巷中隔一段距离开辟一条宽阔笔直的通道，道两边挖有排水的明沟。这样的通道叫火巷，比原有的小巷胡同要宽且直，使街对面的火势不至于蔓延过来。不仅利于防火，战时更利于行军作战。

蒙古族是马背上的民族，是靠骑在马背上征战起家的。所以在筹建元大都新城时，他们采用了更利于车马通行的较宽的火巷代替较窄的小巷。以致元大都有384条火巷而仅有29条衖通。

也有些学者持相反观点，认为火巷较窄，而衖通更宽大。以29条比较宽的衖通使较窄的火巷相互沟通，每条衖通大约与13、14条火巷连通，由此构成元大都的街巷系统。

但两种观点都共同认为，火巷与衖通都是低于大街、小街的街巷系统。

有些书上说大都共有413条街巷，显然是错误的。413仅是火巷加衖

通的数量，没有把大街、小街统计在内。元大都整个街巷的总数应远大
于此数。

至元二十年（1283年）元大都初步建成，忽必烈决定从金中都旧城
迁徙居民到大都新城居住。规定"旧城居民之迁京城者，以资高（知名
富户）及居职者（现任官员）为先，仍定制以地八亩为一份"。贵族、
功臣悉授封地，建立住宅，房屋四合，院落相挨，一座座连起来，两边
是便于通风、防火、车马行走的火巷。壮丽而规整的元大都新城就这样
矗立起来。

明清北京胡同大增

元大都建成不足一百年，历史又发生巨变。1368年朱元璋在南京称帝，建立明朝。同年大将徐达北伐，元朝皇帝弃城逃跑，明军攻占大都，改称北平。为防北元军队南扰，明朝将北平北部比较空旷的地方放弃，北城墙南缩五里，到今北二环一线。朱元璋封四子朱棣为燕王，拥重兵驻守北平。

1398年朱元璋驾崩，传位给长孙朱允炆（即建文帝）。朱棣于1399年在北平起兵，1402年攻下南京，从其侄子手中夺下帝位，年号永乐。从永乐四年（1406年）起开始改造北平城池，营建宫殿。永乐十九年（1421年）基本竣工后正式迁都，改北平为北京。

明代北京城的营建与改造主要集中在以下几点：

重建宫城。明军攻占大都后，为了消灭前朝的"王气"，拆除了元朝的宫殿，在元朝大内的旧址上稍向南移，重建了一座新宫城，即保留至今的紫禁城。将拆除元宫殿后剩余的瓦砾及筑护城河时挖出的泥土在宫城正北方堆起了一座土山，当时称万岁山，俗称煤山，清初改称景山，保留至今。

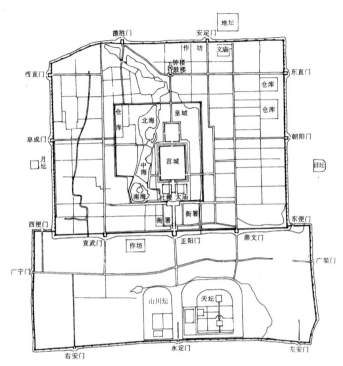

图2-6　明代北京示意图（作者提供）

拓展南城。随着宫城南移，将原元大都的南城墙移至现前三门一线，开城门三座，并把太庙和社稷坛迁至紫禁城以南左右，加强了这两组建筑与紫禁城的联系，突出了紫禁城的中心地位。同时在太液池南又开凿了一个湖泊，即现在的南海。

改建城池。元代的城墙是用土筑，外披芦苇以防水。明代将城墙用砖包砌，并重新修建城楼、箭楼、瓮城，重新命名。

修建外城。明迁都北京后，蒙古骑兵仍多次南扰，时常迫近京城。为加强城防，于嘉靖三十二年（1553年）增筑外城。原计划外城四面包围内城，但因财力不足，只在南郊修建了外城，开七门。最终北京城形成了"凸"字形格局。（图2-6）

明朝时北京胡同得到很大的发展，胡同正式列入街巷名称，见于书籍文字的记载。明成祖建都北京后，为加强封建统治，对北京实行了严格的户籍管理制度。将北京分为五城二十六坊，坊下还设牌、铺。大、小街道包括过去不被重视的小胡同都被登记造册。在这种背景下出现了最早系统收录研究北京坊巷胡同的著作《京师五城坊巷衚衕集》。

《京师五城坊巷衚衕集》是明代张爵于明嘉靖三十九年（1560年）编纂完成的。他在自序中说："予见公署所载五城坊巷必录之，遇时俗相传京师衚衕亦书之，取其大小远近，采葺成编。"张爵是什么人？他有什么资格、能力编辑京师五城坊巷胡同？可信度和权威性有多大？

1957年，北京市文物工作者在永定门外蒲黄榆发现了张爵和他妻子王氏的合葬墓，出土了长达1200多字的墓志铭。张爵的身世被确定了，《京师五城坊巷衚衕集》一书的权威性也被公认了。（图2-7）

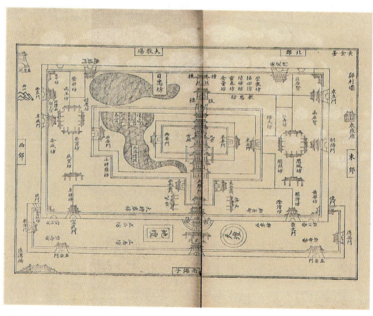

图2-7　张爵《京师五城坊巷衚衕集》内页（作者提供）

　　张爵并不是普通的文人墨客，明初他的高祖就随军来到北京。他是土生土长的北京人，年轻时在兴王府任书办。兴王朱厚熜登基后，以"护驾有功，书办年久"将张爵升入锦衣卫，"实授百户"，后一直提升至千户、指挥佥事、指挥使。明嘉靖三年（1524年）以后，张爵"掌街道房事"，专管京城坊巷街道。有了这样的身份和职务，他可以方便地使用锦衣卫街道坊的档案资料，使他编的《京师五城坊巷衚衕集》这本书能够全面、系统、完整地反映京师五城内坊巷胡同的情况，成为最早系统收录北京胡同的权威著作。

　　在《京师五城坊巷衚衕集》中，张爵共收录北京街巷1170条，其中直称胡同的459条。元代只有胡同29条，到了明代怎么突然增加至400多条，是新修建了数百条胡同吗？显然不是，是明代统一了对小街以下街巷的称谓。将火巷、衚通都改称胡同，并将胡同正式列入街巷名称。和现在不同的是，明代胡同在两边加"行"字，写作衚衕，表明它是可以自由通行的。

　　还有一点值得注意，张爵对京师五城的坊巷胡同进行系统全面的研究统计，书中所载胡同达数百条，但却没有解释胡同这个词的意思和来源，可见胡同在当时已是一个司空见惯、使用年久的街巷通名了。

　　明代推崇胡同，不仅将火巷改称胡同，还让皇家卫队乃至官府搬进内城宽大的胡同，因而出现了许多以官衙命名的胡同。从此胡同的地位从咽喉小巷、手工作坊的聚集地一跃成为北京街巷中的明星。从明代起，过去一向不被人看重的胡同登上了北京街巷大舞台，由时俗相传发展成为正式的街巷名称。

　　1644年李自成率起义军攻入北京，崇祯帝在万岁山自缢，明朝灭亡。同年清军攻占北京，并决定迁都北京。清军没有拆毁明朝的宫殿，而是采取了一个明智的措施：只将原建筑上的匾额取下，换一个新的名字。比如将大明门改称大清门，将承天门改称天安门，将原来的奉天、华盖、谨身三大殿改称太和、中和、保和三大殿，这样将辉煌的紫禁城完整地保留下来，只做了局部的改建、增建。

清初随着社会稳定，经济发展，北京人口大量增加，胡同数量也由于多种原因大量增加。

一是因为宅院的缩小。元代"定制以地八亩为一份"，供达官贵戚建住宅，但随着大量平民的迁入，他们没有能力建那么大的住宅，于是建起了许多小住宅。为便于通行而在其周围留出小的通道，于是出现了许多更窄小的胡同。

二是清入关后，实行满汉分居。内城由满族居住，汉族官民一律搬到外城。外城逐渐出现了许多新的街巷胡同。

三是皇城的逐渐开放。明代皇城是完全封闭的，皇城内只有皇家御园和皇室的内宫署，外人不得入内，更不能住宿。清初鉴于明代宦官之祸，撤销了内宫衙门和许多由太监掌管的机构，准诸王居住。后来又允许内务府上三旗的军民居住，逐渐放松管理。入住者日益增多，街巷胡同也逐渐增加。

清代朱一新所著《京师坊巷志稿》载，清代北京有街巷胡同2077条，其中直呼胡同的有978条。清代胡同的写法中去掉了两边的"行"字，简化为与现在一致，读音上"同"字读四声，口语中还会加上儿化，显得轻巧、亲切，京味儿浓郁。

元代曾严格规定了北京大街、小巷等的宽度。明、清以后街道与胡同宽度上已没有严格划分，许多胡同不比街窄，比如西单附近的灵境胡同、辟才胡同就比许多街道都宽。

近代胡同蹉跎演变

辛亥革命推翻了清王朝的封建统治，从中华民国初年开始，为使北京交通顺畅，对以紫禁城、皇城为核心的城市结构进行改造。在天安门前拆除长安左门、长安右门两侧的皇城墙，打通了天安门前的东西通道，使东西长安街贯通一气，成为北京市中心的通衢大道。

1912年在南池子和南长街南端的皇城墙上各开了一大两小三个券门，打通了两条皇城通向长安街的通道。（图2-8）同时

图2-8　南池子南口（作者提供）

图2-9　南长街南口（作者提供）

打通灰厂街（府右街），在西长安街上又开辟了一个通道。稍后在皇城北厂桥、皇城东北翠花胡同又打开两个通道。至中华民国十六年（1927年）皇城只留下了南城墙，其他三面均被拆除。（图2-9）

　　1915年对正阳门地区进行改造，拆除了正阳门瓮城及闸楼，将原来封闭的瓮城变为开阔的场地，极大地缓解了当地的交通拥堵情况。在修建内城环城铁路时，又拆除了朝阳门、东直门、安定门、德胜门的瓮城。（图2-10）

　　这些拆改使北京的主要街道变得通达，两侧和周边的胡同也得到了舒展和延伸。有些过去无名的小胡同有了名称，过去许多重名的胡同也重新命名，胡同数量又有新的增加。1934年，北京开始把写有胡同名称的标牌挂在胡同口用以标识。1944年日本人多田贞一所编《北京地名

图2-10　正阳门箭楼（作者提供）

志》中，胡同数量增至3200条。

胡同数量虽不断增加，但当时时局动荡，社会混乱，市面萧条，民不聊生，整座城市包括街巷胡同都呈现出破败景象。

满目疮痍的古都终于迎来了新生，中华人民共和国成立后，北京成为首都，开始了大规模的经济建设。自20世纪50年代初开始，以市内老城区为基础，先后向近郊扩展，改建与扩建同时进行。在西直门西北先后建成以北京矿业学院、北京航空学院等"八大学院"为代表的文教区；在广渠门外、大郊亭、垡头一带建成化工区；在酒仙桥建成电子工业区……随着中央和各部委在北京落户，大批办公楼和住宅楼在市内各处兴建。1949年至1958年期间，北京新建房屋2000多万平方米，新增街巷胡同1800多条。

在城市建设中同时也拆掉了不少街巷胡同。比如当时长安街到东单和西单后都成为丁字街，被多条胡同堵塞。为打通并扩宽长安街，拆除了东单、西单两端及周边的许多胡同。1958年至1959年，为建设包括人民大会堂、北京火车站等在内的"十大建筑"，又集中了拆除了数十条

图2-11　旧时的西单路口（作者提供）

　图2-12　今日西单路口（作者提供）

胡同。（图2-11）（图2-12）

进入20世纪60年代，随着人口的增加，居民住房紧张情况日趋严重，很多平房年久失修成为危房。房管部门除修修补补做些修缮外，市里仅盖了一些简易楼房。1965年统计北京胡同2382条。1976年唐山大地震波及北京，许多四合院里搭起了简易抗震棚，胡同里也多有私搭乱建。这些私建堵塞道路，侵占绿地，胡同风貌受到极大破坏。

党的十一届三中全会召开后，各行各业开始拨乱反正，中国进入新的历史时期。北京市政府针对街道胡同乱象，出台有关法规和管理规定，大力进行环境治理，拆除违章建筑，恢复胡同原貌。

自20世纪80年代中期开始，市政府开始组织危旧房改建工程。在此后十多年时间里，危改陆续开工近2000万平方米，结合拆迁安置14.8万户居民，近60万人改善了住房条件。小后仓居民区改造、菊儿胡同住房改造、南池子修缮改建试点项目等都取得了可喜的成果。它们整体上延续了胡同的肌理和院落形态，又突破了原有四合院单层平房的局限，适当提高容积率，创造了新的都市邻里关系，受到了市民和专家的一致好评。（图2-13）（图2-14）

与此同时，市政基础设施改造也取得重大突破。1978年全北京市机动车不足7.8万辆，到1997年，全市机动车已突破100万

图2-13　改造后的菊儿胡同（作者提供）

图2-14 改造后的南池子（作者提供）

辆，交通压力大增，道路拥堵可以想见。

为缓解道路狭窄行车不畅的路况，北京打通道路、拓宽道路的工程不断实施。有800多年历史的菜市口一直是丁字街，向南只有几条小胡同。打通工程中合并、拆除、截短了菜市口胡同、北半截胡同、官菜园上街、儒福里等多条街巷胡同，建成菜市口大街，向南跨过南护城河与南二环路相通。（图2-15）（图2-16）

图2-15 旧日菜市口（作者提供）

图2-16　今日菜市口（作者提供）

　　平安里向西也是丁字街，车辆无法向西通行。在道路改建施工中，拆除了北兴胡同、后车胡同、育教胡同等多条胡同及周边平房，打通了向西的道路，与平安里西大街贯通。同时自官园桥向东至东四十条全线拓宽，形成了北京第二条东西大动脉——平安大街。（图2-17）2007年连接广安门至广渠门的广安大街（又称两广路）也在拆除了多条胡同后拓宽通车，北京又增添了一条东西大道。（图2-18）

　　在城市建设中，一些胡同被拆除、截短，使胡同的数量有所减少。（图2-19）1990年张清常在《再说胡同》一书中统计当时北京尚有胡同1320条。

　　2002年北京市公布了《北京历史文化名城保护规划》，制定了一系列保护历史文化名城的规划和措施，先后公布了三批共43片历史文化保护区。明确了历史街区保护和发展的关系，要求尊重历史、珍爱文化遗

图2-17 打通后的平安大街（作者提供）

图2-18 拓宽后的广安大街（作者提供）

图2-19　拆除中的胡同（作者提供）

产。各区在2005年前后，开始以迎奥运、整治市容街貌为契机，对保护区内的街巷胡同加以大规模修缮。（图2-20）

2014年2月和2017年2月习近平总书记两次视察北京并发表重要讲话，为首都北京未来的发展指明了方向。为深入贯彻落实总书记视察北京重要讲话精神，紧紧扣住迈向"两个一百年"奋斗目标和中华民族伟大复兴的伟大使命，围绕"建设一个什么样的首都、怎样建设首都"这一重大问题，谋划首都未来发展的新蓝图，北京市编制了新一版城市总体规划。总书记特别强调，"让历史文化和自然生态永续利用，与现代化建设交相辉映"。

北京历史文化遗产是中华民族源远流长的伟大见证，是北京建设世界文化名城的根基。要精心保护这张金名片，凸显北京历史文化的整体价值，传承城市历史文脉，深入挖掘保护内涵，构建全覆盖、更完善的保护体系。

图2-20 修整后的三里河街区（孙一泓摄）

整体规划特别提出要保护老城原有棋盘式道路网骨架和街巷胡同格局，保护传统地名。保护1000余条现存胡同及胡同名称，实施胡同微空间改善计划，提供更多可休憩、可交往、有文化内涵的公共空间，恢复具有老北京味的街巷胡同，发展街巷文化。老城原则上不再拓宽道路，保护北京特有的胡同—四合院传统建筑形态，老城内不再拆除胡同四合

图2-21　修整后的达智桥胡同（作者提供）

图2-22　修缮前的沈家本故居（作者提供）

院。（图2-21）（图2-22）（图2-23）

图2-23　修缮后的沈家本故居（作者提供）

在党中央和北京市委重视下，各区街道办事处纷纷行动，整治胡同乱象，创建精品胡同。多年来部分居民盲目追求商业价值，纷纷违规开墙打洞私搭乱建，破坏了胡同内原有的建筑形式和风格，对胡同原有的文化底蕴造成冲击，并出现了一系列社会问题。在整顿中各街道加大执法力度，组织对违法建筑、违规开墙打洞、无证无照经营等违法违规行为进行纠正和制止，拆除违章建筑，规范经营秩序。许多街道还进一步

图2-24　史家胡同博物馆展室（作者提供）

对胡同进行整体性提升保护，请来规划单位和古建保护单位对胡同开展系统性研究设计，挖掘胡同中的历史文化，讲好胡同故事，做好胡同文化传承。近几年，北京出现了多条彰显老城风貌的"精品胡同"，成为复兴老城的标杆。胡同旅游也得到了更健康的发展。（图2-24）

　　在千年的发展变化过程中，北京的胡同数量究竟有多少，一直没有一个公认的准确数据。俗话说"北京有名的胡同三千六，无名的胡同赛牛毛"。确实如此，在鼎盛时期，北京的胡同确实多达数千条，但究竟是多少，因为统计方法、标准、年代、范围的不同导致数据的不统一。近几十年，因城市建设的快速发展，许多街巷、胡同被拆除、截短或改建，变化较快，统计数据差距更大。但总的来说，北京胡同的数量经历了一个由少到多，又由多到少的变化过程。（图2-25）（图2-26）

图2-25　铁鸟胡同（作者提供）

图2-26　胡同旅游（作者提供）

古都情愫

北京的胡同与四合院

3

包罗万象的胡同名称

胡同名称约定俗成

　　地名是在一定历史时期根据当地地理环境或社会生活的特点，由特定人群以本民族的语言文字命名的。因此地名既是语言文字发展的产物，又是地理环境的标志、社会生活的写照和历史变迁的记录。

　　元、明、清三代的北京是国都，因而它的城门、宫殿、政区的名称都恢宏大气，带有京师色彩。皇城与宫城内的宫殿、城门的名称更是辞藻华丽典雅，选用象征敬天法祖、君权神授、安宁祥和等思想内容的词语构成。

　　但是与官方这些刻意为之的城门名、宫殿名不同，街巷胡同的名称却不是由某个部门一次命名的，而是在几百年的发展中由当地住民约定俗成的。它反映了北京城市发展变化的特点，反映了街巷胡同所在地区地理环境和社会生活的特色，也反映了北京历史、文化、民俗、建筑、宗教等方方面面的信息，具有很深的文化积淀。

　　北京胡同的名称可以说丰富多彩、包罗万象、无奇不有，只有想不到的，没有胡同名称中没有的。

　　如果认真分析研究北京这些纷繁庞杂、数量众多的胡同名称，它的起名原则还是有迹可循的，大致可以分为以下几大类。

1. 以胡同中明显的标记物、标志性建筑命名

北京胡同两边大都是灰砖灰瓦的四合院，相似度很高。胡同起名就是为了明确方位，成为人们联系、交往中必不可少的标识。因此胡同中明显、特殊的标记物、标志性建筑，以至于牌楼、碑、井、桥、河湖等都是胡同起名的首选。以这类标记物命名的胡同在北京胡同中占很大的比例。标记物又可以分为以下几类：

衙署：学院胡同、按院胡同、染织局胡同、会计司胡同、东厂胡同、兵马司胡同、察院胡同、帅府胡同等。

军营：前营胡同、留守营胡同、校尉营胡同、北弓匠营胡同、箭厂胡同、校场胡同、机织卫胡同（原济州卫胡同）、武功卫胡同、五道营胡同等。（图3-1）

图3-1　校场头条街牌（作者提供）

仓库：禄米仓胡同、南门仓胡同、大木仓胡同、新太仓胡同、海运仓胡同、腊库胡同、灯笼库胡同、磁器库胡同、米粮库胡同、钟库胡同、缎库胡同、太平仓胡同、房钱库胡同、武衣库胡同（今大乘胡同东段）、皮库胡同、后广平胡同、储库营胡同等。（图3-2）

寺庙：娘娘庙胡同（今北极

38　　图3-2　储库营胡同街牌（作者提供）

阁头条）、土地庙胡同、圣姑寺胡同、玉芙胡同（玉佛寺）、永泰胡同、宝产胡同（宝禅寺）、兴华胡同（兴化寺）、天庆胡同（天庆宫）、光明胡同（大光明殿）、鲜明胡同（显灵宫）、白庙胡同、灵境胡同（灵济宫）、培英胡同（大马神庙）、报恩寺胡同、药王庙胡同等。

图3-3　达智桥胡同街牌（作者提供）

碑：石碑胡同、麒麟碑胡同、小石碑胡同、大石碑胡同、半截碑胡同（今闹市口中街）、高碑胡同等。

井：井儿胡同、东水井胡同、大甜水井胡同、高井胡同、大铜井胡同、井楼胡同、甘井胡同、后红井胡同、后小井胡同、七井胡同、西井胡同、前井胡同等。

桥：石桥胡同、大桥胡同、达智桥胡同、板桥胡同、东不压桥胡同、三转桥胡同、御河桥胡同、甘水桥胡同等。（图3-3）

市场、作坊：造纸胡同、麻线胡同、炭儿胡同、取灯胡同、笤帚胡同、云梯胡同、帘子胡同、小席胡同、宗帽胡同、船板胡同等。

河湖：受水河胡同、北湾子胡同、薛家湾胡同、水道子胡同、河泊厂胡同、河漕胡同等。

2. 以胡同的地理特征或形态命名

地名本就是地理环境的标志，因而很多胡同以其特征或形态命名。有些胡同笔直又很长叫笔管胡同，有些胡同又细又长叫细管胡同。有些胡同前端很窄，开口处变宽，就形象地称喇叭胡同。短小而一端弯曲的胡同常叫狗尾巴胡同或猪尾巴胡同。拐弯的胡同多叫罗圈胡同或根据拐弯数量叫四道湾、五道湾、八道湾胡同。窄而多曲的胡同叫耳朵眼胡同、牛犄角胡同。相邻的两条胡同交叉在一起像双手交叉叫抄手胡同。有些只有进口没有出口的死胡同叫闷葫芦罐胡同。

北京像这样以胡同的地理特征、轮廓形象命名的小胡同很多，重名的也较多。

3. 以人物命名

如果在某胡同中生活过一位著名的有影响的人物，或某个行业的能工巧匠，是很使胡同居民引以为傲的，因而以人物命名，也是胡同名称中的一大类。又可以分为以下几类：

达官贵人：吴良大人胡同、文丞相胡同、遂安伯胡同、武定侯胡同、三不老胡同（三保老爹胡同）、永康侯胡同、丰城侯胡同、王驸马胡同、林驸马胡同等。

商贩工匠：刘兰塑胡同、鲁班胡同、汪太医胡同、

图3-4 姚家胡同街牌（作者提供）

图3-5 史家胡同门牌（作者提供）

陶兽医胡同、马丝绵胡同、沈篦子胡同等。

还有些仅以姓氏为名的胡同：方家胡同、史家胡同、施家胡同、汪家胡同、蔡家胡同、苗家胡同、何家胡同等。（图3-4）（图3-5）

4. 以生活中常见的物件命名

北京人是很讲实际的，胡同与四合院是人们的生活场所，安安稳稳地过日子是人们最实际的追求。因而生活中的衣、食、住、行方方面面也反映到了胡同命名上。诸如柴米油盐酱醋茶、锅碗瓢盆、鞋帽裤褂、针线刀剪、其他日用杂物都可以用来为胡同命名。这些名称看似很俗，但充满了生活气息，为百姓喜闻乐见。又可以分为以下几类：

食品：羊肉胡同、熟肉胡同、干鱼胡同、烂面胡同、枣子胡同、茄子胡同、大茶叶胡同、豆芽胡同、炒豆胡同、苏萝卜胡同等。（图3-6）（图3-7）（图3-8）

图3-6　羊肉胡同街牌（作者提供）

服饰：裤子胡同、靴子胡同、草帽胡同、小纱帽胡同、大纱帽胡同、簪儿胡同、手帕胡同等。

日用品：毡子胡同、眼镜胡同、钥匙胡同、拐棍

图3-7　炒豆胡同街牌（作者提供）

图3-8　苏萝卜胡同街牌（作者提供）

胡同、盆儿胡同、砂锅胡同、油勺胡同、笤帚胡同、灯笼胡同、扁担胡同、梯子胡同等。（图3-9）

5. 以动植物命名

动、植物是人们在生活里经常接触的，有些是生活中不可或缺的。因而也常被人们用来为胡同命名。

动物：马蹄胡同、马厂胡同、羊房胡同、石虎胡同、驴市胡同、猪

　图3-9　毡子胡同街牌（作者提供）

尾巴胡同、青龙胡同、牛角胡同、狗尾巴胡同、金鱼胡同等。（图3-10）

图3-10　小石虎胡同街牌（孙一泓摄）

植物：松树胡同、枣树胡同、椿树胡同、丁香胡同、菊儿胡同、桂花胡同等。

人体：人体上的一些部位也有用作胡同名称的，如头发胡同、耳朵眼儿胡同等。（图3-11）

图3-11　头发胡同街牌（作者提供）

6. 以吉祥的词汇命名

人们总是希望生活得更加美好，吉祥的词汇往往寄托着人们对生活的美好愿望，因而也常用来为胡同命名。如安福胡同、安康胡同、平安胡同、大喜胡同等。

多次改名日趋雅化

街巷胡同一旦命名，将有一定的稳定性，一般会持续多年不变。但稳定也是相对的，不会一成不变。特别是中国近代随着时代的巨变，人们的价值观念、社会心理、伦理道德以致审美情趣都随之而变，这些变化也必然反映到胡同名称上。

近百年来，北京胡同名称随着社会的变迁有多次较大的变化。

第一次是辛亥革命后。随着清王朝的覆灭，中华民国二年（1913年），天安门前的大清门被改为中华门。这次更名很典型地反映了政治因素对地名的影响，新的名称标志着清朝这个中国封建社会最后一个王朝的结束和新时代的开始。

随着新文化运动的蓬勃兴起，北京的一些有识之士开展了去封建化和雅化地名的活动。胡同中一些封建衙署的名称和皇亲国戚的名称被改掉。比如内宫监是明代宦官掌握的二十四衙门之一，所在地清末称为内宫监胡同，中华民国年间以谐音改为恭俭胡同。明代的张皇亲街是明孝宗孝康敬皇后之弟的居住地，清代称张皇亲胡同，后也以谐音改为尚勤胡同。

北京当时还有不少胡同名虽不带封建色彩，但十分粗俗、不雅，随着人们审美意识的提高，这些胡同名称也被更改。改时往往以某些谐音字巧妙地代替原粗俗的字，这样念起来与原来的叫法差不多，容易被人记住，不影响口头流传，但书写后意义完全不同。如驴市胡同改为礼士胡同，小脚胡同改为晓教胡同，棺材胡同改为光彩胡同，鸡爪胡同改称吉兆胡同，猪巴巴胡同改称珠八宝胡同，屎壳郎胡同改称时刻亮胡同，等等。简单的谐音替换，使粗俗变为高雅。在改变中也有少数谐音转换得过于牵强，比如牛犄角胡同改称留题迹胡同，鸡鸭市胡同改称集雅士胡同，狗鹰胡同改称高卧胡同等，使人不知所云。

总的来说，这种胡同名称雅化的做法还是成功的，在以后的历次改名热潮中此法被不断使用。

中华民国期间，北京街巷胡同改名的多达300多条。

第二次是新中国成立以后。北京城市建设发展很快，许多新出现的街巷要命名，同时一些粗俗和有封建色彩的名称继续被更名。1965年北京市进行了一次集中的地名整顿，将地名规范化。北京当时不少地名仅有专名而没有街、巷、胡同等通名，比如石板房、羊皮市、大石作、珠市口等，不知它们属于哪一级道路。整顿后根据它们在城市结构及交通等方面的作用，后面缀以通名，如改称石板房胡同、羊皮市胡同、大石作胡同、珠市口大街等。

整顿的另一内容是给重名的胡同重新命名，以便区分。

北京胡同名称既然是约定俗成的，难免有不少"不约而同"之处，从而出现胡同重名现象。据《北京地名志》1944年版统计，当时北京有扁担胡同16条、井儿胡同14条、花枝胡同11条、口袋胡同11条，仅城区重名胡同就多达600多条。胡同重名给社会生活带来极大不便，亟须解决。这次地名整顿中采取了以下方法：一般保留一条为原名，其他根据地理方位等在名称前冠以东、西、南、北，或前、后、大、小等区分。比如北京原有两条石虎胡同，后将德胜门东侧的改为大石虎胡同，西单北侧的改为小石虎胡同。还有的重名胡同名字本就不雅，在改名中以不同的谐音加以区分，如三条裤子胡同分别改为库司胡同、库资胡同和古直胡同。

在北京街巷的发展中出现了许多小胡同，短而窄，有些还是死胡同，给命名和管理带来不便。整顿中将许多小胡同并入附近的大胡同或街道中，也有将几条小胡同合并在一起，以一条原有的胡同命名，其他名称取消。

整顿中还有一项重要内容是继续消除名称中的封建残余。比如这次整顿中将所有胡同中的寺、庙、庵等字眼全部清除。如将玉清观改称玉清胡同，双五道庙改称双武胡同，石灯庵改称石灯胡同，显灵宫改称显

图3-12　承恩胡同街牌（作者提供）

图3-13　承恩胡同说明（作者提供）

灵胡同，东观音寺改称东冠英胡同，承恩寺改称承恩胡同，等等。胡同中涉及帝王将相的也被更改。如麻状元胡同改称群力胡同，石驸马后宅改称文华胡同等。这次整顿中出现了不少诸如民丰、民康、勤俭、兴华等名称，体现了新时代的政治色彩与时代风尚。（图3-12）（图3-13）

　　1980年前后北京进行了一次地名普查与标准化活动，地名的汉字书写形式与汉语拼音形式有了可以遵从的法律依据，极大地提高了地名规范化的水平。部分地名词语在调整后变得更为积极健康。

　　此后，北京的街巷胡同名称没有再进行过大的调整更改。

名称考证尚需谨慎

多年来有不少专家学者或胡同爱好者在研究北京地名时很注意研究胡同名称的来源、变迁等，这不但对北京胡同的兴起、发展、变化有很大意义，对于整个北京城建史的研究都是很有作用的。但其中也出现了一些人云亦云，不够慎重的地方，以至出现不少错误论断。

比如有关魏染胡同名称的来源，日本人多田贞一在《北京地名志》一书中写道："魏染胡同，骡马市大街路北。据传，名宦官魏忠贤曾在此巷居住。魏被诛后，此巷叫魏阉胡同，今为避恶名改为魏染胡同（《琐闻录》）。忠贤肃宁人，万历年间入宫……庄烈帝即位后，其奸事被发，遂缢死（《人名辞典》）。"许多人以多田贞一的叙述为依据，论述魏染胡同名称的来源，几成定论。事实上，早在嘉靖三十九年（1560年）张爵编辑的《京师五城坊巷衙衕集》里，南城宣北坊就有魏染胡同。既早于魏忠贤入宫的万历年间，更早于他被杀的崇祯年间，根本不存在《琐闻录》所谓"今为避恶名改为魏染胡同"的事情。（图3-14）

有关四川营胡同名称的来历也有类似的情况。从清代的《宸垣识略》开始，往往说因为明万历至崇祯年间四川女将秦良玉的军队在此驻

图3-14　魏染胡同标牌（作者提供）

图3-15　四川营胡同简介标牌（作者提供）

扎而得名，旁边的棉花胡同则是她的部下纺棉织布的地方。（图3-15）但是张爵的记载表明四川营胡同产生的年代远在嘉靖三十九年之前，绝不会是得名于几十年之后才从四川北上的秦良玉所部。由此派生的关于棉花胡同的名称来源更属主观臆测。但现在胡同中砖雕的铭牌仍采用的是传统说法。

史家胡同在北京非常出名，关于史家胡同的名称，有人说来源于胡同内的史可法祠堂（现史家胡同小学内），是为了纪念抗清名将史可法。然而早在明嘉靖年间的《京师五城坊巷衚衕集》中史家胡同就已经存在，史可法是明末抗清将领，胡同的命名远早于史可法。除非史可法的先人早就在史家胡同居住，否则很可能因明代另一大户史姓宅邸在此而得名。

胡同名称的考证要谨慎，名称更改更需慎重。如前所述，在胡同名称雅化过程中，大多数都改得很巧妙，但也有些改得过于牵强，使人不知所云。还有一些在更改时完全没有弄懂旧名称的原意，改后不仅不通，且失去了原有的历史信息。

总布胡同是东城区很有名的胡同，历史悠久，明代已存在，原名是总铺胡同。明代的保甲制度，坊下分牌，牌下分铺，若干铺设一总铺，总铺相当于一个街区总的保甲之所。当时有一总铺衙署在此胡同内，故称总铺胡同。清乾隆时改称总部胡同，宣统时以朝阳门南小街为界，将胡同一分为二，称东总布胡同和西总布胡同，沿用至今。总铺有明确的历史指向，总部已不知所指，改为总布，更是完全不通。

在东总布胡同以北有大、小羊宜宾胡同。东起北总布胡同，西至朝阳门南小街。明代时统称杨仪宾胡同，清宣统时以宝珠子胡同为界，分为东西两段，东段称小羊宜宾胡同，西段称大羊宜宾胡同，一直沿称至今。这个名称改得完全不通。不少人曾认为这两条胡同过去可能叫大、小羊尾巴（读yǐ ba）胡同，后来认为不雅，按读音雅化为大、小羊宜宾胡同。其实并不是这样，我们都知道公主的丈夫叫驸马，亲王、郡王女儿的丈夫如何称呼就不清楚了。在明代，皇帝的女儿称公主，亲王的女儿称郡主，郡王的女儿称县主，她们的丈夫则分别称驸马、郡马、仪宾。因而杨仪宾胡同的得名应是明代有一位杨姓仪宾住在此胡同内，但杨氏为何人已无从考证，清代按谐音逐渐改称为毫无意义的羊宜宾胡同。

传统的胡同街道名称往往凝聚着人们的集体记忆与情感依托，是形成城市认同感与归属感的重要基础，是传承城市历史文脉的重要内容。

在北京历史文化名城保护规划中特别强调"传统地名是北京历史文化名城保护的重要内容之一，必须加以保护"，并要求"建立健全相关法规和技术规范，对传统胡同、街道的历史名称不得随意修改"。一些专家学者提出要将北京传统的胡同、街道名称申报国家级非物质文化遗产。

古都情愫

北京的胡同与四合院

4

多姿多彩的胡同形态

经典形态横平竖直

胡同形态是由城市结构决定的。（图4-1）现北京市内城（严格地说是东西长安街以北）是元大都的历史遗存，元大都的街道规划整齐，横平竖直。马可·波罗在他的游记中赞扬全城的设计都用直线规划，大体上所有街道全是笔直走向，直达城根。一个人若登城站在城门上，朝正前方远望，便可看见对面城墙的城门。城内公共街道两侧，有各种各样的商店和货摊。整个城市按四方形布置，如同一块棋盘。明、清两代乃至到当代这种格局变化都不大，内城的街道胡同大都横平竖直，方

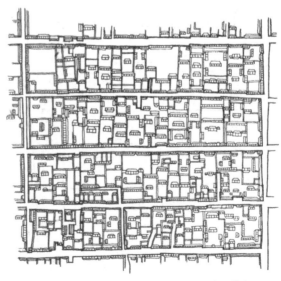

图4-1 横平竖直的胡同形态示意图（作者提供）

向为东西、南北正走向。

由于内城中心是皇城，东西道路被阻隔，城内的大街多是南北走向，连通大街的胡同则多为东西走向。分布在大街间的胡同大致可分为梯形、鱼刺形和耙形三种形态。

梯形即在两条街之间平行排列着若干胡同，如同一架梯子。在北京的街巷中，最典型的当属西四与东四地区。

南起阜成门内大街，北至平安里西大街，西起赵登禹路，东至西四北大街，在这块不大的街区里有八条平行整齐排列的东西向胡同，被称为西四北头条至北八条。这一地区是第一批确立的北京旧城25片历史文化保护区之一，被誉为"旧城历史精华地段的核心保护区"。（图4-2）

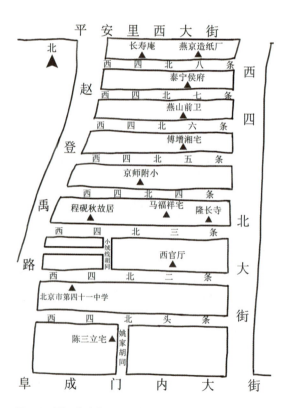

西四北头条至北八条，是随着元大都的兴建而诞生的，至今已有700多年的历史。元大都兴建时全城有统一、严格的规划，西四北头条至北八条正是按严格规划建设起来的，而且一直延续至今，是难得地反映元大都建城规划的历史遗存。同时，700多年间，朝代更迭，世事沧桑，这些变化也无不

　　图4-2　西四北头条至北八条平面示意图（项峥绘）

反映在这些胡同中，因而它们也是北京城演进的历史见证，这八条胡同每一条都值得讲述。

四合院是北京地区主要的传统居住形式，也是中国北方传统住宅建筑的典型代表。四合院中所包含的丰富文化内涵，构成了具有北京地域特点的"四合院文化"。西四地区作为历史街区，是各个朝代城市人口聚居的地区，也是北京四合院存在时间最长、数量最多、质量最高、式样最丰富的地区之一，至今保存较好，具有历史文化价值的四合院达40多处，这在北京其他街区是极少见的。

西四北头条至北八条在元、明时属鸣玉坊，清代为正红旗地界。原来八条胡同是各有名称的，1965年整顿地名时，老名称被认为"陈腐落后，不合时宜"，遂按自南至北的顺序改名为西四北头条至北八条。

西四北头条（图4-3）的南边主要是历代帝王庙、广济寺等的后墙，没有多少住户，北边却有不少大宅门，曾是达官显贵的宅邸。据说清代的大贪官和珅就在北头条胡同里长大并开始发迹。和珅的家族隶属于正红旗，其父当过正二品福州副都统，家就安置在正红旗管界内的驴肉胡同。和珅在这里长大，步入仕途，并得到乾隆皇帝的恩宠，直至乾隆把女儿和孝公主赐婚给和珅之子，和珅成为权倾一时的宠臣。和珅与皇帝联姻后旗籍由正红旗改为正黄旗，他在什刹海西岸建造了豪华的新府，即后来著名的恭

图4-3　西四北头条街牌（作者提供）

图4-4　西四北头条东段（作者提供）

图4-5　西四北头条中段（作者提供）

王府，这才搬离了西四北头条（当时称驴肉胡同）。和珅究竟住在这条胡同的几号？哪座宅院？至今还没有更确切的考证。（图4-4）（图4-5）

　　在西四北头条中段路南有一条南北向的小胡同姚家胡同，南口通阜成门内大街。姚家胡同3号曾是晚清著名诗人陈三立与其子，当代著名

历史学家陈寅恪的家。（图4-6）

陈三立（1853—1937），字
伯严，号散原，江西义宁（今修
水）人，光绪年间进士，官至吏
部主事，曾参加戊戌变法，是晚
清维新派名臣陈宝箴长子，与谭
嗣同、吴保初、丁惠康并称"清
末四公子"。其诗取境奇奥，造
句瘦硬，炼字精妙。著有《散原
精舍诗集》及其《续集》、《别
集》，《散原精舍文集》等，为
近代同光体诗派重要代表人物，
被称为"中国最后一位古典诗

图4-6　姚家胡同3号（作者提供）

人"。1924年4月，印度诗人泰戈尔访华，在西湖之畔的净慈寺会晤了陈
三立。两位不同国籍的老诗人互道仰慕之情。泰戈尔以印度诗坛代表的
身份，赠给陈三立一部自己的诗集，希望陈三立也同样以中国诗坛代表
的身份回赠他一部诗集。陈三立接受赠书后，表示谢意，并谦逊地说：
"你是闻名世界的大诗人，足以代表贵国诗坛。而我呢，不敢以中国诗
坛代表自居。"后两人合影留念，传为中印文化交流史上的一段佳话。

1933年，他的好友郑孝胥投靠日本，辅佐溥仪建立伪满政权。陈三
立痛斥他"背叛中华，自图功利"。在再版自己的诗集《散原精舍诗
集》时，愤然删去郑所作之序，以示断交。

1934年，年愈八旬的陈三立来到北平，与其三子陈寅恪同住。陈寅
恪当时在清华大学教书，他特意租赁了姚家胡同3号这座有大小三个院
子及一个小菜园的住宅，供父亲养老居住。父亲住在正院堂屋东侧主卧

室。当时陈寅恪的大哥，著名画家陈衡恪（陈师曾）已去世，居孀的大嫂住在西屋，照顾父亲的起居。陈寅恪及家人平日住清华园寓所，周末及假期乘车回城与父亲团聚，住在东跨院内。

陈三立曾游西山，看到被八国联军破坏的园林遗址，他义愤地连叹："国耻！"他对当时日本侵略中国的形势深感忧虑。1937年卢沟桥事变后，他表示："我决不逃难！"日军百般游说陈三立与他们合作，均遭到严词拒绝。一天又有一汉奸上门，他呼喊佣人拿扫帚将其逐出。面对日寇的猖狂，他绝食五日，最终忧愤而亡，表现了崇高的民族气节。

西四北二条胡同，明代称西帅府胡同。明代驻守北京的军队称为京军，驻守北方边关的军队称为边军。明正德六年（1511年），农民起义军逼近京城，京军抵挡不力，朝廷遂调边军增援。边军镇压起义军后，大同镇边将领江彬受到明武宗赏识，被留在京城。

明武宗酷爱军事，他自封镇国公，在今平安里太平仓胡同建造了镇国府，并在府西边，即现西四北二条胡同内建立西官厅，由江彬率领边军驻扎，又俗称西帅府，这条胡同被称为西帅府胡同。江彬投明武宗所好，怂恿他穷兵黩武，干了许多坏事，他自己也趁机大肆搜刮民脂民膏。明武宗死后，江彬被凌迟处死在西四牌楼刑场，从他家里抄出的金银珠宝不计其数。

西四北二条胡同路南58号是北京市第四十一中学，这是一座历史悠久的学校。中华民国初，这里是教会所办的萃文中学。1925年，著名教育家陈垣先生创办的平民中学迁入萃文校址。这所中学招收平民子弟入学，学费低，教学质量高，受到贫苦市民的欢迎，引发了社会的热烈反响。平民中学在这里办学30年，1952年改为北京市第四十一中学。（图4-7）

西四北三条，明时称箔子胡同。箔子是用苇子杆或秫秸编成的帘子，又叫苇箔，是建筑材料，涂上金属粉末或裱上金属薄片的纸也称为

图4-7 北京四十一中学（作者提供）

箔，用作纸钱。当时，这条胡同里因有这类作坊和商铺而得名，清代时又按谐音改称雹子胡同、报子胡同。

西四北三条胡同里路北3号曾是明代的外汉经厂。明代在皇城地安门内设有汉经厂，是专为皇家刻印佛经、儒家经典和皇家文件的机构。后来又在这条胡同里设有同样的机构，相对于皇城内的汉经厂，这里叫外汉经厂。宫里负责书写抄录的太监年老后，往往被派来看守外汉经厂。

明万历四十五年（1617年），外汉经厂奉敕改建为皇家庙宇隆长寺。清乾隆二十一年（1756年）曾重修。寺内有一尊近5米高的铜佛，造型为毗卢佛身，下有千瓣莲座，每瓣上都刻有一小佛，称为千佛绕毗卢。此佛雕刻精湛，造型优美，是不可多得的佛像珍品，现移至法源寺内。

现隆长寺山门和其后的几重殿堂仍在，石门额上书"敕建护国圣祚

图4-8　西四北三条隆长寺遗址（作者提供）

隆长寺"，字迹仍依稀可辨。（图4-8）

　　西四北三条39号是京剧大师程砚秋（1904—1958）先生故居。程砚秋先生是"四大名旦"之一，他根据自身的条件，创造了唱腔低回婉转、如泣如诉，表演细腻真切，深受欢迎的程派艺术，至今仍在舞台上广受好评，传承不息。

　　程先生1937年买下此宅，直至逝世前一直在此居住。故居是一座不大但十分规整的四合院，坐北朝南。进大门迎面是照壁，倒座房四间，经垂花门入正院，北房三间两明一暗，东边为卧室，西边是书房，名"御霜簃"，东西厢房各三间，东小院中为厨房。故居现保持原建筑格局，由程先生后人居住。程先生用过的剧本、戏装、生活用品等均保存完好。（图4-9）

西四北三条11号是座带花园的中型四合院。西边是住宅，院落共四进；东边是花园，建有花厅、游廊、假山。院内建筑皆有彩绘，室内以落地罩作为间隔。大门、影壁上有精致的砖雕图案。

此院原为中华民国国民政府军事委员会委员、蒙藏委员会委员长马福祥（1876—1932）的住宅。现在除花园中假山被拆除建房外，整座院落格局未变，保存较完好，为北京市

图4-9　程砚秋故居（作者提供）

图4-10　西四北幼儿园（马福祥旧居）（作者提供）

文物保护单位，现在为西四北幼儿园所用。（图4-10）

西四北四条在明朝时曾有熟制皮革的作坊，因而称熟皮胡同。又因在加工皮革时散发臭气，清代又称为臭皮胡同。中华民国初年，按谐音雅化为受璧胡同。

跨西四北三条、四条、五条，有一所历史长达120余年的著名学校——京师附小。其前身为清代义塾，光绪九年（1883年），由阜成门

内巡捕厅迁到报子胡同14号，改名为正红旗官学，是当时的八旗学校之一。光绪二十九年（1903年）改为八旗第四高等小学堂。1912年与在受璧胡同的分校合并，改名为京师公立第四高初等小学校。以后又数度改名，但一直坚持办学，成绩卓著。

1950年，与同样在受璧胡同内，由齐白石和纪堪颐在吴禄贞、蔡锷祠堂创办的私立石年小学合并，命名为北京市师范学校附属第一小学。"文革"中一度改名为起宏图小学。1972年按校址改名为西四北四条小学，2015年更名为北京师范大学京师附小。现在这所小学纵跨西四北三、四、五三条胡同，使用的仍是四合院的院落。青砖灰瓦的校舍与古槐浓荫的校园中时时传来孩子们的读书与欢笑声。胡同里的一所小学，竟有如此悠久的历史，如此曲折的变迁，反映了北京历史的漫长与文化的厚重。（图4-11）（图4-12）

图4-11　西四北四条28号，北京师范大学京师附小南院（作者提供）

西四北五条，明代称石老娘胡同。旧时称接生婆为老娘，这条胡同因居住过石姓接生婆而得名。

胡同内4号是一座大宅院，大汉奸王克敏、大军阀张宗昌先后在此居住。张宗昌人称三不知将军，即兵不知有多少，钱不知有多少，姨太太不知有多

图4-12　西四北四条47号，北京师范大学京师附小北院（孙一泓摄）

少。张宗昌在石老娘胡同居住时，仍生活放荡，常在宅里招妓女，养姨太太。居民们讽刺说，老娘胡同变成小娘胡同了。

1950年6月，中央文化部电影局在4号院创办表演艺术研究所，设有编剧班、表演班等。1951年5月，这里改称为中央文化部电影局电影学校。1953年3月，改名为北京电影学校，校址又扩大到石老娘胡同9号院及受璧胡同、大乘巷内的几处院落。当时严恭、谢铁骊、陈怀皑等任主任教员，周扬、夏衍、冯雪峰、艾青、丁玲、陈荒煤、蔡楚生等文化界领导和文学艺术家都曾在此授课和开专题讲座，培养了新中国成立后第一代导演、演员、剧作家。印质明、赵联、庞学勤、于洋等表演艺术家都是这一时期的学员。

1956年，在北京电影学校的基础上成立了北京电影学院，迁往新街口外新校址。

胡同内的14号院曾是电影洗印厂，现在仍住着电影界的职工。世事多变，谁曾想到张宗昌的外宅竟成为新中国电影教育事业的摇篮。

胡同内的7号院为藏书家傅增湘（1872—1949）旧居。傅增湘清末

图4-13　西四北五条7号（傅增湘旧居）（作者提供）

曾中举人和进士，任直隶提学使。后热心教育，创办天津女子师范学堂、京师女子师范学堂。1917年出任北洋政府教育总长。1919年后专心从事古籍收藏、校勘和目录研究。他于1918年购入了这处住宅，二进院落，并有东西跨院，东跨院内有假山与六角攒尖亭。住宅不大，但很典雅。他因仰慕苏东坡，特取苏东坡诗句"万人如海一身藏"之意，将宅院命名为"藏园"，藏书室命名为"双鉴楼"，收藏善本书达6.6万余卷，著有《双鉴楼善本书目》。1927年傅增湘任故宫博物院图书馆馆长。（图4-13）

　　在清末的北京地图上，在石老娘胡同东口，现西四北大街路中央有一庙宇。这庙宇有两怪：一是建在路中央，因而俗称当街庙。当年车马皆由庙之两旁绕行。二是此庙坐南朝北，门向北开。这在北京的庙宇中可能是绝无仅有的。原来此庙是明英宗重新登上皇位后，感谢瓦剌部首领不杀之恩，将瓦剌部首领当成恩人，特修此面向北方的庙宇，向瓦剌部朝拜、感恩。这小庙恰恰成为明英宗屈辱投敌的见证。中华民国初年，修马路时将此庙拆除。

西四北六条，明代在此胡同内设有燕山前卫衙署，因而得名燕山卫胡同。

西四北七条，明代称泰宁侯胡同，因泰宁侯陈珪的府邸在此而得名。（图4-14）

图4-14　西四北七条（作者提供）

朱棣在改建北京，营建皇宫时看中了能干的陈珪，任他为营建北京的总指挥。陈珪不负众望，周密计划，精心施工，指挥有方，工程进展顺利，深得皇帝信任和器重。遗憾的是陈珪并没有看到迁都后的北京，由于日夜操劳，积劳成疾，他于1419年病逝于泰宁侯府中。而两年后，朱棣颁布《北京宫殿告成诏书》，宣布正式迁都。陈珪的后代共有13人承袭爵位，直至明亡。

西四北八条，明时称武安侯胡同，因明代武安侯郑亨的府邸建在这里而得名。清代后被讹传为武王侯胡同、五王侯胡同。

清代谦郡王府在胡同中段路北11号。首任谦郡王瓦克达为礼亲王代善第四子，勇猛善战，但命运多舛，早年因参与拥戴多尔衮为帝被揭发，黜出宗室。后又在清军入关中立战功，被封为镇国公、谦郡王。

1933年北京燕京造纸厂在王府遗址上创建。这个造纸厂的投资人是张学良将军。1931年春，他就要在东北办一大型造纸厂，并在沈阳大北门外设立了东北造纸厂筹建处，然而"九一八事变"破坏了他这一计划。入关后他仍存着实业救国的理想，于1933年出资并委托其亲信汪博

图4-15 燕京造纸厂旧址（作者提供）

夫、杜荣时代理其出面筹建了燕京造纸厂。这是当时北平规模最大，技术最先进的造纸企业，最初的产量即达日产1.5吨，以后又屡有扩建，在北京的工业发展史上占有一定地位。（图4-15）

八条经典的胡同，每一条都有古迹，都有故事，都蕴含着深厚的北京文化。

而在与西四相对的东四地区，在东四北大街路东，朝阳门内大街以北，朝阳门北小街以西这片区域，同样自南向北依次排列着东四头条至东四十四条的14条胡同。东四街巷的历史可以上溯至元大都时期，在元代属寅宾坊和穆清坊范围，明代这里改称思诚坊和南居贤坊，清代则划归正白旗辖区。明代嘉靖时的《京师五城坊巷衙衙集》中，已经有了东四"头条胡同"至"四条胡同"的记载。

修建于元代的东四胡同排列整齐，布局规整。其中三条至八条街巷严格按照大街24步，小街12步的规格建造，如今依然保持着当年的格局，呈现了完整的胡同肌理。东四胡同里一座座古旧的门楼，旧式的店铺，经典的四合院群落，不但建筑历史悠久，而且具有丰厚的人文底蕴、清晰的历史文脉，为北京历史文化保护街区。（图4-16）（图4-17）

在外城也有梯形的胡同格局。在大栅栏街以南，珠市口西大街以

图4-16　东四六条63、65号（崇礼宅）（作者提供）

图4-17　东四八条71号（叶圣陶故居）（作者提供）

67

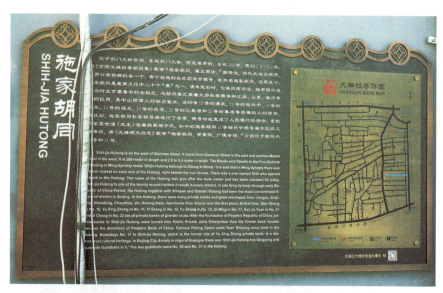

图4-18　施家胡同标牌（孙一泓摄）

北，煤市街与前门大街之间有九条东西向小胡同，分别叫小齐家胡同、大齐家胡同、王皮胡同、蔡家胡同、施家胡同、掌扇胡同、云居胡同、湿井胡同、甘井胡同。其中王皮胡同、蔡家胡同内清代时多是妓院，属于八大胡同范围；施家胡同中遍布银号、钱庄，是老北京的金融区。

　　施家胡同是从北向南的第五条胡同，也是这几条胡同中路面最宽敞、平坦的一条。相传明代有一施姓人氏在此开设银号，故称施家胡同。清末至中华民国初年，这条不足300米的胡同内开设了十几家银号，时称"银号街"。后来又有华威银行、惠通银行等多家银行在此开业，小胡同成了金融区。（图4-18）

　　梯形还可以连续排列，像几架梯子平行排列在一起。如鼓楼东大街以北，旧鼓楼大街与安定门内大街之间有赵府街、宝钞胡同、北锣鼓巷三条南北街巷，在它们之间有多条东西向胡同规则地平行排列着，仿佛

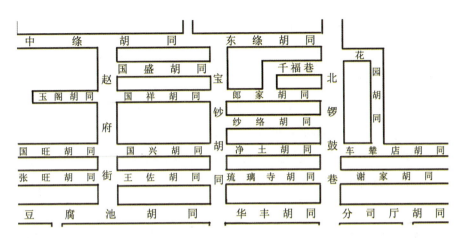

图4-19 连续排列的梯形胡同示意图（项峥绘）

是四架梯子并列排在一起。（图4-19）

鱼骨刺形则是指以一条街巷为轴，在两侧平行排列着若干胡同，如同鱼骨刺。这样的胡同类型在北京很多，最典型的是南锣鼓巷地区。

南锣鼓巷街区是北京最古老的街区之一，是规划中的第一批25片旧城保护区之一。

里坊，是中国古代居住区组织的基本单位，也是城市规划建设的基本单位。在先秦称为"里"、"闾"或"闾里"。从北魏开始出现了"坊"的称呼。唐长安全城共建108坊，是当时世界上最大的城市。元大都规划设计时仍沿袭了里坊制，全城分为50坊，坊与坊之间是宽阔平直的街巷，犹如棋盘。

现在的南锣鼓巷街区北边是鼓楼东大街，南边是地安门东大街，西边是地安门外大街，东边是交道口南大街，由这4条街围合的这块长方形地区，正是元大都的两个坊。以南锣鼓巷为界，东面是昭回坊，西边是靖恭坊。

明朝时，北京被划为28坊，两坊合并称昭回靖恭坊，清代属镶黄旗。南锣鼓巷曾叫罗锅巷，乾隆十五年（1750年）绘制的《京城全图》改称为南锣鼓巷。

南锣鼓巷南北走向，长约800米，东西各有8条胡同整齐排列着，从南向北，西面的8条胡同是福祥胡同、蓑衣胡同、雨儿胡同、帽儿胡同、景阳胡同、沙井胡同、黑芝麻胡同、前鼓楼苑胡同；东边的8条胡同是炒豆胡同、板厂胡同、东棉花胡同、北兵马司胡同、秦老胡同、前圆恩寺胡同、后圆恩寺胡同、菊儿胡同。这些胡同在元朝时没有名称，名称是明朝以后逐渐演变来的。比如菊儿胡同，明代叫局儿胡同，后来改称橘儿胡同，清宣统时才称菊儿胡同，后延续至今。整个街区犹如一条大蜈

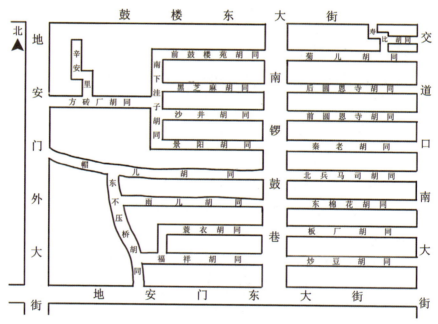

图4-20 南锣鼓巷街区主要胡同示意图（项峥绘）

蚣，所以又称蜈蚣街。（图4-20）

唐朝长安的里坊早已无存，元大都里坊构造在800多年的历史变迁中也已面目全非。但是，南锣鼓巷地区却还极为完整地保存着元大都里坊的历史遗存。胡同格局那么完整，胡同里各种型制的府邸、宅院那么多姿多彩，真可谓古都风貌中一块保存完整的"碧玉"。（图4-21）（图4-22）

明清以来，这里一直是"富人区"，居住过许多达官贵人、社会名流（图4-23），从明朝的将军到清朝的王

图4-21　清静的南锣鼓巷街景（作者提供）

图4-22　充满生活气息的南锣鼓巷街景（作者提供）

图4-23　圆恩寺胡同7号（作者提供）

原为清代庆亲王奕劻次子的府邸，后几易其主，抗日战争胜利后成为蒋介石行辕。新中国成立后曾为南斯拉夫大使馆、中国人民对外友好协会、友好宾馆等。

爷，从北洋政府的总统到国民党的总裁，从文学大师到画坛巨匠，这里的每一条胡同都留下过他们的足迹，都有丰厚的文化积淀，每一座宅院里都诉说着许多故事。（图4-24）（图4-25）（图4-26）

图4-24　后圆恩寺胡同13号（茅盾故居）（作者提供）

图4-25　雨儿胡同13号（齐白石旧居）（作者提供）

再有一类是耙形。在一条街道的单侧有连续平行排列的胡同，另一侧没有，如耙子。比如在阜成门南顺城街东侧排列着民康胡同、大水车胡同、小水车胡同、王府仓胡同、大乘胡同、武定胡同等多条胡同。但它的西侧原来因为紧临城墙（现在阜成门南大街）而没有胡同，形成了单侧的耙形胡同。

图4-26　炒豆胡同77号（僧王府）（作者提供）

异形胡同河湖所致

除了横平竖直的较规则的胡同外，北京也有不少其他形态的胡同。

内城尽管大部分地区街巷整齐，但在积水潭、什刹海沿岸出现了不少斜街、弯巷，在什刹后海和前海四周出现了大石碑胡同、小石碑胡同、鸦儿胡同、烟袋斜街、百米斜街、大金丝胡同、小金丝胡同、大官房胡同、小官房胡同等多条倾斜弯曲的街巷。（图4-27）（图4-28）（图4-29）

北京外城没有经过严格的规划，许多街巷是居民增多后自发建起来的，且外城原本河流、湖

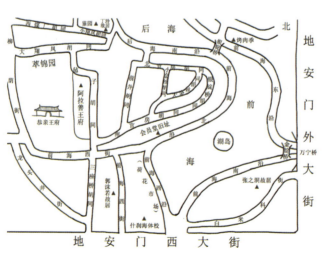

图4-27　什刹前海平面示意图（项峥绘）

图4-28 白米斜街11号（张之洞旧居）（作者提供）

图4-29 什刹海畔（作者提供）

泊较多，临河湖建成的街巷只能依河湖的形状与流向变化，因而有不少弯曲和倾斜的胡同。

《天府广记》中记载："（明）正统间因修城壕，作坝蓄水，虑恐雨多水溢，故于正阳桥东南低洼处开通壕口，以泄其水。"泄水河从前门东南的壕口，穿过打磨厂，到北孝顺胡同和长巷头条，流向东南，一直通向左安门外的护城河，与大运河相汇合。明代顺应地势修通了自正阳门始的三里河河道，斜穿过鲜鱼口地区。因此，这一地区的街巷、胡同肌理以三里河河道走向为主导，呈现不规则的网状交错结构，形成弧形、倾斜及南北走向的胡同。

草场头条至十条居住区内共十条南北走向的胡同群，这是北京仅有的一片大规模南北走向的胡同群。草场诸条胡同在明代为羊房草场的一部分，是明政府养羊积草之地，故名。其布局既顺应西北高东南低的地形走向，也考虑胡同排水至三里河的需要。

图4-30　草厂横胡同（作者提供）

（图4-30）（图4-31）

该地区顺应南北走向的胡同格局，形成了东西向，斜向为主的四合院建筑群。它有别于内城南北向四合院的传统组合形态，具有自然生长、形成和发展而来的独特的街巷胡同院落肌理，体现了中国崇尚自然，顺应自然

图4-31　草厂七条（作者提供）

图4-32　改造后的三里河公园（孙一泓摄）

的"天人合一"观念。在胡同中，不经意间会看到老店铺的痕迹，精美的石雕、木雕的房檐屋角、彩绘，使人仿佛在刹那间来到历史的深处……近年三里河河道经过疏浚，周边整修绿化后呈现出一派田园风光。（图4-32）（图4-33）

图4-33　三里河公园内的精美墙雕（孙一泓摄）

　　早年戏曲艺人地位卑微，官府严禁他们入住内城。戏园子在前门一带相继建成，离戏园不远的三里河地区便成了伶人聚集之地。这片街巷的每一座院子几乎都曾住过梨园人士，有的甚至一院住多户，不少名家还在此自立堂号课徒传艺，使国粹艺术代代传承。

环形胡同是指胡同形状呈闭合的环形，从胡同口进去环绕一圈，还可以再从同一口出来。比如西城护国寺街以北的四环胡同，就很规矩地形成长方形的闭环。西城丰盛胡同以南的前、后英子胡同也组成了一个不是很规矩的闭环。

还有一种环形胡同从一个口进去，绕了一圈出来后发现虽不是同一个口，但与进口距离不远，就像一个人两手抄在一起的模样，便诙谐地起名为抄手胡同。这样的抄手胡同在北京有多条，如宣武门内大街西侧的抄手胡同、白塔寺东北的前抄手和后抄手胡同等。

北京还有一些曲折的胡同不仅是拐一两个弯，而是五六个甚至七八个弯，像迷宫一样。（图4-34）（图4-35）西四南大街西侧有一条四道湾胡同，就因胡同内四道转折而得名。在西直门内大街南侧有一条八道湾胡同，

图4-34　北新桥九道湾胡同（作者提供）　　图4-35　护国寺小羊圈胡同（作者提供）

图4-36 死胡同（作者提供）

胡同中真是七弯八拐，十分曲折，在这条不起眼的小胡同中住过我国近代文坛巨匠鲁迅先生。

北京有一类胡同只有一个胡同出入口，进入后或笔直地走下去，或拐几个弯往里走，但最终找不到出口，碰到的是一堵墙或别家的院门，无法通行，只能退回来。这样的胡同叫死胡同，也可形象地称为口袋胡同。这样不通行的胡同过去北京有许多条，往往在胡同口钉有"此路不通行"的牌子，以免人们误入。（图4-36）

北京还有许多各色各样的异形胡同，著名京味作家老舍先生出生的小杨家胡同在新街口南大街东侧，原称小羊圈胡同，就是一个很有特色的小胡同。老舍先生曾在多部著作中描写过它："说不定，这个地方在当初或者真是个羊圈。因为它不像一般的北平的胡同那样直直的，或略微有一两个弯儿，而是颇像一个葫芦。通到西大街去的是葫芦嘴和脖子，很细很长，而且很脏。葫芦的嘴是那么窄小，人们若不留心细找，或向邮差打听，便很容易忽略过去。进了葫芦脖子，看见墙根堆着的垃圾，你才敢放胆向里面走，像哥伦布看到海上漂浮着的东西才敢向前进那样。走了几十步，忽然眼一亮，你看见了葫芦的胸：一个东西有四十步、南北有三十步的圆圈，中间有两棵大槐树，四周有六七家人家。再往前走，又是一个小巷——葫芦的腰，穿过'腰'又是一块空地，比'胸'大着两倍，这便是葫芦的'肚'了。'胸'和'肚'大概就是羊圈吧！"（图4-37）（图4-38）

图4-37　小杨家胡同街牌（作者提供）

图4-38　小杨家胡同入口（作者提供）

杂乱胡同别有隐秘

北京内城的胡同大多横平竖直，排列整齐，如某一地区胡同杂乱无章，必另有隐秘。

朝天宫大火

赵登禹路两边的胡同格局是完全不同的。路东是西四北头条至北八条，一条条胡同平行、整齐排列着，较完整地保留着元朝坊巷的历史格局。马路西边，福绥境一带，胡同街巷的排列却毫无章法。

元朝时在现白塔寺的西北方有一座很大的道观叫天师府，元末逐渐衰败。明朝建都南京后，曾在南京水西门内建有朝天宫，作为朝廷举行盛典前百官练习礼仪的场所。明宣德八年（1433年），朝廷决定仿南京式样在北京也建一座朝天宫，宫址就选在了天师府旧址。经多年修建和扩建，朝天宫规模宏大，功能上不断扩展，不仅供朝廷百官演习礼仪，也是文人墨客聚会的场所，道士们也常在这里修炼、做法事，后来此处成为北京最大的道教宫观。

明成化十七年（1481年）曾重修朝天宫，当时有三清殿、通明殿、普济殿、佑圣殿等十三重殿宇。明宪宗曾赋诗赞曰："禁城西北名朝天，重檐巨栋三千间。"可见其宏伟壮丽。它的宫门在现在的宫门口胡同，北边直达官园（现在的官园就是当年朝天宫的瓜园），西至福绥境，东至育幼胡同，这一大片都是朝天宫的范围。明朝有一首儿歌唱道："平则门，拉大弓，过去就是朝天宫。朝天宫，写大字，过去就是白塔寺。"平则门就是现在的阜成门，拉大弓指当时做弓箭的弓匠营，即今天阜成门的东、西弓匠胡同一带，也就是说，在弓匠营东边是朝天宫，再往东就是白塔寺了。

天有不测风云，明天启六年六月二十日夜（1626年8月11日），大雨倾盆，雷声隆隆，雷电交加。一道闪电刺破长空，一声巨雷在三清殿上炸裂，三清殿顷刻燃起大火，并迅速四处蔓延。待救火队伍赶到时，十三重殿宇已全部被烧毁，宏伟的朝天宫一夜之间化为灰烬。

贫弱腐朽的明王朝此时已无力重建朝天宫。明朝末年，只在朝天宫遗址的东北角建了一所御敕护国天元观，清代重修改称玉皇阁。年长日久，在原朝天宫的废墟上，百姓们逐渐建起了住房，形成了不那么规矩的胡同，这就是这一带的胡同格局较乱的原因。如今，人们只能从东廊下胡同、西廊下胡同、宫门口胡同这些胡同名称上去想象当年规模巨大、气势恢宏的朝天宫了。（图4-39）（图4-40）（图4-41）（图4-42）（图4-43）

图4-39　东廊下胡同街牌（作者提供）

图4-40　西廊下胡同街牌
（作者提供）

图4-41　中廊下胡同标牌
（作者提供）

图4-42　宫门口头条（作者提供）

图4-43　宫门口东岔街牌（作者提供）

当年形成的宫门口东岔、西岔的北头合并成一条胡同，成"人"字形。东有白塔（妙应寺塔），西有青塔（元代已毁，只留有青塔胡同），两塔恰似两点，合成一个"火"字。有人附会说，宫门口主火，因而才烧了朝天宫。于是几巷公议，在胡同北口建土地庙，以"镇火压邪"。庙门前旗杆上树一面黑底白字旗，上书"保我一方"，人称黑旗土地庙，一时名气很盛，香火不断，直至"七七"事变后被日伪当局拆掉。也有人说，建的是火神庙，供奉火德真君，因而安平巷过去叫火神庙胡同。

玉皇阁的一些建筑倒有幸一直留存下来。新中国成立后玉皇阁遗址划归团中央，在这里办起了托儿所。1990年中国青年杂志社迁此办公，对部分建筑进行了修整，在后院还挖出了一块镌刻着"天元观"字样的碑石。

王恭厂爆炸

在新文化街西段以南，佟麟阁路南段以西有多条小胡同，街巷布局凌乱，似乎没有过规划，这是为什么？原来在这些陋巷老屋间曾发生过北京史上最大的一场自然灾害——王恭厂大爆炸。

自永乐年间迁都北京后，驻守京城的明军主力部队配备有当时最先进的火器。王恭厂即是工部制造、储存火药的火药库。驻京明军所需的铅子、火药均由王恭厂制造。据文献记载，王恭厂位于现今这一地区的永宁胡同、光彩胡同、天仙胡同一带。（图4-44）（图4-45）

明熹宗天启六年五月初六日巳时，即公元1626年5月30日上午9时，王恭厂火药库突然发生了一场原因不明的特大爆炸，震惊朝野。当时的许多文献书籍如《明熹宗实录》《明史》《明通鉴》《国榷》及多部明清笔记都对大爆炸做了记载。《明熹宗实录》卷七一载："王恭厂之

图4-44　天仙胡同（作者提供）

变，地内有声如霹雳不绝，火药自焚。烟尘障空，椽瓦飘地，白昼晦。"

　　当时属于官方的邸报底本，佚名抄撰的《天变邸抄》对大爆炸记述最为详细：天启丙寅（即天启六年）五月初六日巳时，天色皎洁，忽有声如吼，从东北方渐至京城西南角，灰气涌起，屋宇动荡。须臾，大震一声，天崩地塌，昏黑如夜，万室平沉。东自顺承门大

图4-45　光彩胡同（作者提供）

街（今宣武门内大街），北至刑部街（今西长安街），西及平则门（今阜成门）南，长三四里，周围十三里，尽为斋粉，屋以数万计，人以万计。王恭厂一带糜烂尤甚，僵尸层叠，秽气熏天……

连远在爆炸中心区以外的皇宫也受到强烈冲击波的影响。当时明熹宗正在乾清宫进膳，突然大殿震动，御座、御案均翻倒，明熹宗急奔交泰殿，只有一内侍扶他前往，不料一瓦片飞坠，正砸在内侍头上，内侍立即脑裂而亡。正在修建宫殿的工匠有近两千人从屋顶震落摔死。明熹宗能保住性命真是万幸。

对于灾变的起因几百年来更是众说纷纭。有地震说、静电说、火药自爆说、陨星坠落说等，更有外星人入侵、UFO降临等大胆假设。尽管种种分析都能解释某种现象，但每一种观点都没有拿出无可辩驳的证据，使人完全信服。

期待着彻底揭开王恭厂大爆炸神秘面纱的那一天早日到来。

穷西北套

在明清北京城，倾斜的西北城墙与西直门内大街、新街口北大街之间形成了一个相对封闭的梯形街区，被称为西北套。又因为这里胡同杂乱无章，房屋低矮、破旧，在前面加了一个"穷"字，被称为"穷西北套"。那么这个"穷西北套"是怎么形成的？

在城墙建成后，京城的这一西北角主要用于驻扎守城的军队，明代建有许多守城军士的营房，以及制造、储存炸药的火药局；清朝时是清八旗兵驻防、演练的校场。现在的前、后英房胡同即是明、清时的营房旧址，而西教场胡同、中教场胡同、东教场胡同等，则是清代八旗兵演练的校场。

随着驻军而来的是眷属，自明至清，守城军士的眷属们逐渐在营房附近搭建了许多用碎砖、土坯垒起的棚房和简易建筑，并养起了家畜，建起了粪厂，这里逐渐成了建筑破败而简陋的居住区，出现了多条长短不一、宽窄不齐的杂乱胡同。人们任意给这些胡同起了很粗俗的名字，如猪巴巴胡同、屎壳郎胡同、张秃子胡同等，久而久之，这里被称为"穷西北套"。清末的一首民谣中有"北城根儿，穷人多，草房破屋赛狗窝"之说。

明代工部王恭厂火药库发生了大爆炸后，明朝皇帝怕火药再次爆炸危及皇城，降旨将火药局向北迁，安置在当时人口稀少的西直门内北侧的城墙下，并赐名安民厂，企盼国泰民安之意。不料，天不遂人愿，皇帝的金口玉言也无济于事。12年后，崇祯十一年（1638年）安民厂也发生了离奇的大爆炸，时人形容其"涌起之烟，各如灵芝，如云如浪，移时方散"。《明史·五行志二》记载："六月癸巳，安民厂灾，震毁城垣廨舍，居民死伤无算。"《明宫史》记载："至六月初二日午时，安民厂大震，略减于天启六年时也。"这次爆炸的原因是什么？是火药自爆还是由于地震？是人为的因素还是其他神秘的超自然原因？像上次王恭厂爆炸一样，这次安民厂爆炸的起因也一直无解。大爆炸如雪上加霜，使西北套更为破败、杂乱。

古都情愫

北京的胡同与四合院

5

饶有趣味的胡同故事

北京数量众多又形态各异的胡同得到了许多人的热爱，引发了人们对胡同的兴趣。每条胡同都有自己的特点，特点背后又是一个个独特且富有趣味的故事，许多专家学者和胡同爱好者都热衷于研究这些故事。通过这些研究不仅可以进一步挖掘胡同形成的历史及演进，了解胡同的形态与特点，同时也将更深入地洞悉整个北京的城市结构、发展历史、建筑风貌、民风民俗等。

胡同之祖——砖塔胡同

北京有历史记载的最古老的胡同是砖塔胡同。

在西四南大街丁字路口的西南侧，临街有一座玲珑秀丽的塔，塔前山门石额依稀可以辨认出"元万松老人塔"六个字，这座塔是金、元两朝极负盛名的佛学大师，佛教重要宗派曹洞宗的一代宗师行秀禅师（1166—1246）的墓塔。

行秀俗姓蔡，河南洛阳人，15岁时在今河北邢台净土寺出家，后云游北方各地，返回邢台后，筑万松轩，聚徒讲学，世称"万松老人"。

金明昌四年（1193年），他来到金中都，为金章宗说法讲学，得到金章宗极高的称赞。

大学者耶律楚材（1190—1244），契丹族，辽皇族之后，金、元两朝的重臣，年轻时曾拜万松老人为师，学习佛学。万松老人认为耶律楚材是他最好的学生，为他取号"湛然"。耶律楚材也十分尊敬师傅，他称万松老人为"真世间之宗师也"。耶律楚材随同成吉思汗西征时，万松老人给他写信，谈论治国修身之道，全篇只有八个字：以儒治国，以佛治心。这短短的八个字，耶律楚材牢记于心，在他任中书令（丞相）要职时，给元朝统治者提出了许多好的建议，制止了蒙古军队的杀戮行为，对民族团结和经济发展起了重要作用。

万松老人圆寂后，人们为他修了这座八角形、七层密檐式墓塔。（图5-1）塔用青砖砌成，朴素而又精致，后人常称其为砖塔。乾隆皇帝曾于乾隆十八年（1753年）下诏对此塔加以修葺，并将七层加高为九层。中华民国十六年（1927年），当时的交通总长叶恭绰又对塔进行重修，并建山门。1976年唐山大地震后，

图5-1　万松老人塔（孙一泓摄）

图5-2　万松老人塔标牌（作者提供）

砖塔被重新加固。（图5-2）

　　在这座砖塔的北侧有一条胡同叫砖塔胡同。（图5-3）

　　元代剧作家李好古写的杂剧《张生煮海》流传很广，现在很多剧种都有《张羽煮海》这个剧目，就是从这部元代杂剧改编来的。剧中描述读书人张生和龙王的公主小龙女恋爱的故事。张生的书童问龙女的丫鬟住在什么地方，丫鬟回答："你去那羊市角头砖塔儿胡同总铺门前来寻

图5-3　砖塔胡同街牌（作者提供）

91

我。""羊市角头"即羊角市,在今天的西四附近,"砖塔儿胡同"即砖塔北边的胡同,今天仍称砖塔胡同,只少了一个"儿"音。总铺即军巡铺,元代防盗防火的哨所,设在坊巷之内,每隔300多步,设一处军巡铺,有3至5名铺兵。丫鬟让书童到总铺去找她,当然是在开他的玩笑,但一句玩笑戏词,却透出了丰富的北京地理历史信息,即元代就有砖塔,有砖塔胡同,而且此名一直沿用至今。

如果要问从元代开始完好保留至今的胡同有哪些,名称沿用下来的有哪些,一直有文献可考的有哪些,一些研究北京地理的专家认为,这样的胡同在北京只有一条,就是砖塔胡同。像这样在历史上存在700多年,名称都没有变的街巷,在中国,在世界上又有多少呢?

砖塔胡同不仅是古老的,而且有许多传奇的故事。

在元朝这一带是元曲的演艺中心,勾栏瓦舍林立,许多元曲作家和演员在这一带活动,如关汉卿、王实甫、珠帘秀、赛帘秀等。直至明代中期,演艺中心才迁至东四本司胡同、演乐胡同一带,砖塔胡同逐渐成为居住区,近代这里住过多位名人。

鲁迅在八道湾胡同11号院住了近4年,1923年夏与周作人发生争执,愤而离开。匆忙间找不到合适的住所,经人介绍于8月2日搬到了砖塔胡同61号。

61号很好找,砖塔胡同是东西向的,走到半截忽然向南拐了一下,接着又向西延伸,61号恰在拐弯处路东,现在的门牌是84号。

砖塔胡同61号是一个很小的院子,鲁迅与朱安夫人住在矮小的三间北房内,总共才20多平方米,与宽敞的八道湾是无法相比的。兄弟失和,鲁迅很郁闷,又住在这么差的环境里,他的心情可想而知。他在这里仅住了9个多月,就搬到阜成门内宫门口西三条21号,即现在的鲁迅博物馆。但即使在这样的心情和环境中,鲁迅也没有放下他手中的笔,他

图5-4　砖塔胡同84号（鲁迅故居）（作者提供）

常常日夜奋笔疾书，短短的9个月，写出了《在酒楼上》《幸福的生活》《肥皂》等著名短篇，编完了《中国小说史略》下卷，更写出了不朽名篇《祝福》。（图5-4）

　　张恨水是中国现代最高产的作家，一生写作达三千余万字，他曾住在砖塔胡同95号院。1946年2月张恨水来到北平，在新民报任经理兼副刊《北海》的主编，当时他住在赵登禹路一座四进的大四合院。

　　北平和平解放不久，张恨水突发脑溢血而偏瘫。他是完全靠写文章养家的人，偏瘫了，不能握笔，怎么办？这时，周恩来总理派人了解了他的困难，聘请张恨水为文化部顾问。有了一份固定工资，张恨水家的生活有了基本保证。为节约开支，张恨水卖掉了赵登禹路的四进大四合院，搬进了砖塔胡同95号这座小院。

　　后来周总理又指示有关部门安排张恨水任中央文史馆馆员，彭真市长也指示北京市文化局给他提供生活补贴，张恨水的生活有了可靠的保障。张恨水的新家虽不能与原宅相比，但被收拾得干净利落，种了许多花，小院里洋溢着安详与温馨。

1953年后，张恨水又恢复了写作，他对新中国的新生活不熟悉，便投入了民间文学的挖掘与整理，写出了《梁山伯与祝英台》《白蛇传》《孟姜女》《孔雀东南飞》《凤求凰》等一批群众喜闻乐见的作品。

"文化大革命"初期，在邻居们的保护下，张恨水幸运地躲过了抄家、批斗等劫难。1967年2月15日晨，72岁的张恨水在砖塔胡同小院内平静地逝去。

但是，新中国成立后对张恨水评价一直不高，据说是因为鲁迅先生曾指责他为"鸳鸯蝴蝶派"。但是经查《鲁迅全集》，鲁迅对张恨水本人及其作品从未有过褒贬。1934年鲁迅在给母亲的信中有这样一段："……三日前曾买《金粉世家》一部十二本，又《美人恩》一部三本，皆张恨水作，分二包，由世界书局寄上，想已到。但男自己未曾看过，不知内容如何也……"看来鲁迅的母亲是张恨水迷，鲁迅见到张恨水的书必买下寄给母亲。鲁迅或许不喜欢张恨水的书，但他也绝不厌恶，以鲁迅疾恶如仇的性格，他怎会将自己厌恶的书寄给自己十分孝敬的母亲呢？

两位中国近代文学史上的重要作家，只隔几个门，住在同一条胡同内，这在国内也不多见，尽管他们住进时已相隔四分之一世纪。

砖塔胡同还与老舍有关，1933年老舍创作的小说《离婚》就是以砖塔胡同为背景。主角老李的同事张大哥为他在砖塔胡同找了间房子，书中是这样描写的："房子是在砖塔胡同，离电车站近，离市场近，而胡同里又比兵马司和丰盛胡同清净一些，比大院胡同整齐一些，最易于住家。"老舍为什么如此熟悉这一带？因1921年夏，老舍在缸瓦市教堂居住一年有余，离这里很近。

　　周总理的助手，曾任国务院副秘书长兼总理办公室主任，后任文化部副部长的齐燕铭住砖塔胡同37号，从1956年至1978年，直至他去世。

　　前些年，在砖塔山门内是一家图片洗印社，它的店前广告挡住了本来就不高的大半个塔身。后来图片社迁走，2014年这里成为正阳书局"砖读空间"。这既是一个文物活化使用的展览展示馆，又是兼具图书馆和实体书店功能的阅读空间。（图5-5）

　　那北京没有更古老的街巷吗？辽南京和金中都没有留下什么街巷遗址吗？

　　其实北京还有两条自辽、金时代就存在的街巷，分别叫三庙街和老墙根街。

　　三庙街东起上斜街，西至长椿街，街长不足300米，宽4~6米，街上

图5-5　正阳书局（作者提供）

店铺不多。就是这样一条不起眼的小街，据古今学者考证，一致认为此街是北京最古老的街，北京道路历史之最，是北京街巷名副其实的"老爷爷"。（图5-6）

这条街在唐幽州时已有，辽代时在南京城拱辰门里，金中都时在崇智门里，是当时商业活动极为集中的地区，街上还有许多达官贵人的府邸，热闹繁华，堪称辽金时代的金街，相当于如今北京的王府井。（图5-7）

辽金时此街比现在长，穿过长椿街至现在槐柏树后街。辽代在街南建有紫金寺，明嘉靖年间曾重修。明时街以寺名，称紫金寺街。清代

图5-6　三庙街街牌（作者提供）

图5-7　今日三庙街（作者提供）

时，上斜街上有两座关帝庙，此街上也有一座，分别被称为头庙、二庙和三庙，此街因庙而被称为三庙街，街的长度缩短为明代的一半。"文革"中一度改为立新街，后又恢复古称，沿用至今。

　　清代学者、诗人，康熙时任翰林院检讨、明史纂修馆的毛奇龄曾居三庙街中段路北。他一生著作颇丰，后人赞他"淹贯群书，诗文皆推倒一世"。住在三庙街时，他常去南边不远的长椿寺与友人们饮宴赋诗，留下不少诗篇。

　　另一条辽代老街，位于下斜街中段路东，是一条西北至东南走向的斜街，东接校场口胡同。因东口临辽南京城东城垣内缘而得名"老墙根"，街名始终未变。1965年整顿街名时，只在名后加了一个"街"字，称老墙根街。（图5-8）

据张江裁著《燕京访古录》载，在老墙根曾发现一段古城墙遗址："长一丈八尺，高九尺。城砖坚固，石基如新，平嵌一石……上刻隶书'通天'二大横字，左刻'辽开泰元年'五字。右刻'北门'二字，均隶书。考此处为辽时东北隅。"

三庙街和老墙根街固然古老，但它们不叫胡同。所以专家学者认为从元代以来一直有文字记载的最古老的胡同是砖塔胡同。

图5-8　老墙根街（吴侗妹提供）

长短宽窄各有千秋

绒线胡同是北京最古老的街巷之一。金天德元年（1149年），完颜亮杀金熙宗即皇帝位，史称其为海陵王。为巩固对中原地区的统治，也为了打击宗室中对他弑君篡位行为的不满，天德三年（1151年），他颁发《议迁都燕京诏》，开始在辽南京城的基础上扩建都城。天德五年（1153年）完工，海陵王正式下令迁都，改辽南京为中都。据考证，中都城墙的东北角就在与绒线胡同相交的南翠花街。元朝在金中都东北郊建新城，取名大都，南城墙在今长安街南侧，绒线胡同一带在顺承门外。明朝迁都北京后，将元大都北城墙南移5里，南城墙南推2里许，绒线胡同又被圈在了城内，属大时雍坊。嘉靖年间再建外城，绒线胡同成为城市的中心区了。

明清时绒线胡同东起旧司法部街，西至宣武门内大街，其长度在北京胡同内数一数二。中华民国初年，开辟和平门和北新华街，将绒线胡同分成东、西两段，与绒线胡同平行的安福胡同、帘子胡同、松树胡同等也被分为东、西两段。1965年，以北新华街为界，绒线胡同东段称东绒线胡同，西段称西绒线胡同，其他胡同亦然。

从西绒线胡同西口进去，胡同路北51号是一座大宅门，这是勋贝子府，是北京现存较完整的一座贝子级府第。整座府邸坐北朝南，分中路、东路和西路，府门开在中路南北轴线上。由五进院落组成，院内朱门碧户，曲径回廊，静谧幽雅。

贝子绵勋是康熙皇帝第24子、诚亲王胤祕的曾孙。贝子府原在安定门内宽街，同治八年（1869年），原府被赐给咸丰皇帝女儿荣安固伦公主，后又转赐给荣寿固伦公主，贝子绵勋迁到了西绒线胡同的新府。绵勋的曾孙溥霱，在光绪二十八年（1902年）袭爵，封镇国公，因此，清末此府被称为霱公府。中华民国成立后溥霱家道中落，无力支撑，1924年将整座府第卖给了金城银行的老板，当时金融界的头面人物周作民，此处成为周宅和金城银行的总部所在地。（图5-9）

新中国成立后，监察部一度在此办公。1959年经朱德、陈毅等提

图5-9　霱公府（吴侗妹提供）

议，周总理批准并亲自命名，在这里开设了四川风味的饭庄"四川饭店"。饭店1959年10月1日开业，郭沫若亲笔题写了匾额。这是北京第一家由王府改建的庭院式饭庄，在以后的三十多年里，一直是北京最高档的饭庄之一。

20世纪末，1995年6月，四川饭店与香港中国会合作，在此开设"北京中国会"，成为京城里最高级的私人会所之一。如今饭店被腾退，霜公府又重归宁静。当食客们在这座古香古色、美轮美奂的府邸里推杯换盏、高谈阔论时，他们是否知道这座府邸的历史与变迁？可曾议论过这座府邸的未来？

过了霜公府，向西走不远胡同路北33号是北京市第三十一中学。北京市第三十一中学是一所历史悠久的名校，它的前身可以追溯到1874年由英国中华圣公会创办的崇德学堂，后几经变迁，1911年10月，崇德中学在现址正式开学。作为北京最早的完全中学，崇德中学以优异的教学质量和严谨的校风闻名，培养了许多蜚声中外的杰出科学家、艺术家。

建筑大师梁思成和他的弟弟梁思永都曾在建校初期，在崇德中学小学部学习。诺贝尔奖获得者杨振宁、"两弹元勋"邓稼先在20世纪30年代先后于崇德读书，他们两人之间还有一段鲜为人知的关系。杨振宁和邓稼先都是安徽人，杨父杨武之与邓父邓以蛰是深交多年的老友，两家是通家之好。杨振宁比邓稼先大两岁，他1933年入崇德中学，邓稼先1936年转入崇德读初二。杨振宁1938年考入西南联大，1944年赴美留学，邓稼先三年后也考入西南联大，1948年遵照两位父亲的意愿与杨振宁的弟弟杨振平结伴到美国读书。

在崇德中学度过了美好中学时代的，还可以列出一连串闪光的名字：中科院副院长、材料学家严东生，中科院院士、大地测量与地球物理学家方俊，中科院院士、地球物理学家秦馨菱，中科院院士、有机化学家高振衡，中科院院士、数学家关肇直，中科院院士、物理化学家刘若庄，美国国家科学院院士、工程院院士、建筑与桥梁学家林同炎……一所中学走出了这么多科学院院士，这在中国的中学中是绝无仅有的。从这里走出的文化名人还有孙道临、林连昆、黄宗江、丁午、宋世雄、王凯传、孙以增、丛珊、张光北等。

新中国成立后，崇德中学改为北京市三十一中，仍是北京名校。几十年来一直与时俱进。现在的北京市三十一中是国家教委现代教育技术实验学校，北京市首批电化教育优等校。学校自行研制的电化教室控制平台获国家专利，2001年被命名为联合国教科文组织EPD项目实验学校。（图5-10）

在西绒线胡同南边不远的是西新帘子胡同。这里曾留下过中国现代著名女作家林海音的足迹。林海音（1918—2001），原名林含英，小名英子，原籍台湾苗栗县，生于日本大阪。3岁随父母返台，5岁来到北

　　图5-10　北京市第三十一中学（作者提供）

京，在北京度过了童年与青年时代。她家住在城南，曾在椿树胡同、虎坊桥、西新帘子胡同、梁家园等多处居住。在西新帘子胡同的荒园中，她结识了憨厚、善良的小偷，又亲眼看到他被警察押走……这里的一景一物都深深地印在了她的心灵深处。北京成了她台湾之外的另一个精神故乡。她的代表作《城南旧事》透过一个小女孩纯真的目光，展示了20世纪20年代老北京的生活图景，展示了绒线胡同、帘子胡同一带的风情，清新、婉约、淡雅，如一首感人的散文诗。

北京的短胡同很多，许多死胡同都只有几十米。在前门外杨梅竹斜街西段，桐梓胡同东口至樱桃胡同北口之间有一段路叫一尺大街。"一尺"是形容其短，实际上它也很短，只有25米，被认为是北京最短的胡同，现已经并入杨梅竹斜街。

那么现在仍保留着的最短的胡同是哪条？在西单辟才胡同西口路北有一条南北向小胡同叫跨车胡同，在辟才胡同拓宽工程中，原本要拆除，后因一个院落而被保留下来。这个院落就是齐白石故居，举世闻名的国画大师齐白石在此度过了他的后半生，创作了许多传世精品，达到了他的艺术高峰。

齐白石与毛泽东是同乡，为湖南省湘潭县人。1863年生于一个贫困农家，只在8岁时跟随外祖父读了一年村学，以后就放牛、砍柴。12岁跟人学木匠，因原名纯芝，被人称为芝木匠。一直到27岁才开始学画，约65岁以后才达到他最成熟、最富创造力的盛期。齐白石可称为自学成才，大器晚成的典范。

齐白石极为重视中国绘画传统，他曾认真临摹古画，学习传统技法，但同时又不拘于古法，主张师法自然，不断创新。他主张画家"先阅古人真迹，然后脱尽前人习气，别创画格，为前人所不为者"。因而他经常否定自己已取得的成就，不断求变，又创新格。在论画时他说："妙在似与不似之间，太似为媚俗，不似为欺世。"多么精辟的艺术见解。

　　齐白石的画笔墨纵横雄健，造型简练质朴，色彩鲜明强烈，创作取材广阔，题材充满民间情味。他将普通的虫鸟鱼虾的神态表现得活灵活现，将日常的花草菜蔬描绘得生机盎然，将日常生活中的平凡事物提升为不平凡的美的艺术。

　　1903年齐白石第一次来到北京，之后也曾数次到访，曾住过法源寺、西四三道栅栏等处，1926年冬买下了跨车胡同的小院定居。（图5-11）1927年应北平艺术专门学校校长林风眠之聘在该校任教。学校在西单附近的前京畿道，离他家不远，学生们常来家里看他作画，接受辅导。后北平艺专改为北平大学艺术学院，徐悲鸿任院长，继续聘齐白石为该院教授。日伪统治时他辞去教职，并在家门口贴上"画不卖给官家"的字条，表现了高尚的民族情操。

图5-11　跨车胡同（作者提供）

新中国成立后，齐白石焕发了创作热情。抗美援朝时，他创作了十多幅精品参加义卖。1952年10月，亚洲及太平洋区域和平会议在北京召开，他画了"百花与和平鸽（普天同庆）"向大会献礼。毛泽东致函："白石先生：承赠'普天同庆'绘画一轴，业已收到，甚为感谢！"

1955年，为改善他的生活条件，中国美术家协会为其购买了南锣鼓巷雨儿胡同5号院（现为13号）。这座院子是原清内务府总管大臣宅邸的一部分，里面房屋高大，庭院宽敞，条件比跨车胡同好得多。修葺一新后，齐白石于年底搬了过去。

但搬入新居后，面对政府的特殊照顾，齐白石寝食难安，思念自己的平民小院。不久，齐白石向周恩来总理表明了自己不愿增加国家负担的心思。善解人意的周总理尊重老人的意愿，1956年春，齐白石又搬回了跨车胡同。

小院里春意盎然，花圃里没有奇花异草，种的是丝瓜、南瓜、牵牛花，而齐白石以这些为素材，画出了《丝瓜牛蜂》《丝瓜葫芦》《牵牛花》等佳作。白石老人的画室里更是嘉宾如云，高朋满座。梅兰芳、姜妙香、老舍、胡絜青、徐悲鸿、吴祖光、新凤霞等文化界名人都是这里的常客。老人在这里收胡絜青为徒，认新凤霞为义女。

1953年，齐白石获中央文化部授予的"人民艺术家"称号。1956年获得世界和平理事会1955年度国际和平奖金。1957年9月16日齐白石在北京病逝。1963年在他百年诞辰时被列为世界文化名人。

齐白石故居坐西朝东，是一座带跨院的三合院。三间北房是当年老人的画室，因屋前安有铁栅栏，又称"铁栅屋"。屋檐下悬挂着白石老人亲自篆刻的篆体"白石画屋"横匾。

齐白石故居所在的跨车胡同成为北京唯一的只有一个门牌的胡同，也成为北京仍存的最短的胡同。（图5-12）

北京窄小的胡同很多，许多胡同宽度不足一米，如永安路北侧的小喇叭胡同北口宽仅0.58米，东珠市口北侧的高筱胡同南口宽0.65米。而北京最窄的胡同公认是大栅栏珠宝市街路西的钱市胡同。

在珠宝市街内路西有一条死胡同，全长50余米，最宽处不足0.8米，窄处只有0.4米，一个胖人已难通过，如两人相对而行，只能一人避让在门洞内，让另一人先通过。

就是这样一条窄小的胡同，却曾是北京银钱交易市场，故名钱市胡同，是操纵着北京银钱交易市场银钱比价行情的地方，也是北京银钱商人关注的中心，因而胡同虽小，知名度却极高。

清中期前，货币主要以白银和制钱为主。白银就是炉房铸造的大小

图5-12　齐白石故居（孙一泓摄）

元宝，主要用于批发交易和大宗薪俸支付，制钱则是圆形铜币，主要用于零售买卖。两者同时在市场上流通，必然有兑换，两者的比价也有涨有落，经常处于波动变化之中。

钱市胡同就是官办的银钱兑换的主要市场，胡同内有18户经纪人，他们各自用砖建成方形案子，俗称"十八案"。每天清晨开盘时，经纪人站在各自案子上高声吆喝买或卖，成交后他们从中提成。来市场交易的商家知道交易行市后，立即以鸽子传递行情，按钱市的兑率作为买卖的标准，很快传遍全城。胡同尽头有一处很大的木架罩棚，就是当年银钱兑换的场所。

现在，胡同南侧有五所三合小院，都是当年铸造银锭的炉房，仔细观察，可以看到屋顶留有气窗，是当时冶炼银锭时通气用的。北侧是四家连体式建筑，二至三层楼房，中西合璧，外立面装饰十分考究，这是四家清末建成的银号。当银两与制钱被银圆与纸币取代后，钱市失去了原有功能，很多改成了银号。现在好多院门上还留有当年的对联，如"聚宝多留穿不息，泰阶平如日之升""增得山川千倍利，茂如松柏四时春"等。胡同如此之窄，原是为了防贼，因为这里曾有大量银钱往来，很容易遭到盗贼觊觎，胡同宽度只容一人通行，即使盗贼得手也很难逃脱，可以说是不用围墙，却比围墙还好的防盗之术。现在这里是民居。（图5-13）

据文物保护工作者介绍，目前计划在钱市胡同建立传统银钱业博物馆，留住这段历史。但这些改建将遵守"不破坏胡同原有肌理"的原则，因此即使进行升级改造，钱市胡同仍将是北京最窄的胡同。

北京最宽的胡同在哪儿？

据实测统计，北京传统胡同宽度多在5~7米，9米以上的已是很宽的胡同，数量较少。

图5-13 钱市胡同东口（作者提供）

研究北京最宽的胡同，许多书中指出是灵境胡同。灵境胡同宽30余米，这实际上不是胡同原来的宽度，而是拓宽改造后的宽度。如以改造后的宽度为依据，最宽的应是辟才胡同。

辟才胡同在西单往北不远路西，东接西单北大街，西至太平桥大街。原本辟才胡同并不宽，两边种植着槐、柏，更显静谧而幽深。它是这一带的"主"胡同，南北被许多小胡同如半壁胡同、南丰胡同、云梯胡同、跨车胡同等围绕着。辟才胡同历史悠久，人文荟萃，因而在北京颇有名气。

辟才胡同的历史可以上溯至元代，当时属咸宜坊。元代时胡同北面有一所寺院，据说因寺中曾挖出一尊弥勒佛石像而被称为大石佛寺，这条胡同也因而得名大石佛寺胡同。

大石佛寺是元代的著名寺院，规模宏大。据元史记载，大石佛寺是供奉元太祖、太宗、定宗御容的地方，在那里设有他们的影堂。清代时，大石佛寺仍在，只是规模逐渐缩小。《天咫偶闻》中记有："门榜曰大石佛寺。元刹也，石佛仍在……元代供列朝御容于此，其巨可知。

今则小殿两层，地殊逼仄，不知何时所改。"

明初时，在胡同南边建起了官府储存、加工木材的大木厂（现大木仓胡同），许多平民将木材加工的下脚料劈成劈柴拿到胡同里卖，大石佛寺胡同逐渐成为远近闻名的劈柴集市。大石佛寺逐渐衰败，而劈柴集市日益兴隆，日久天长，这条胡同便被人们称为劈柴胡同。

关于劈柴胡同名称的由来，还有两个传说。

一个故事说，明初这条胡同里住着一户姓张的打柴人，打来柴劈成劈柴卖，生意很好，后来他的儿子开起了劈柴厂，生意更兴旺。左邻右舍也随之效仿经营劈柴买卖，胡同便被人们称为劈柴胡同。

另一个故事说，有两个大官被奸臣所害，他们将家产藏在这条胡同内一所宅院里，派人暗中看守，等两家的后人长大后，两家劈分财产。劈财演化为劈柴，胡同因而得名。

前一个故事，是将劈柴集市的逐渐形成具体化，而后一个故事似乎较为牵强。

不论起于何因，明、清两代这里都被称为劈柴胡同。

中日甲午战争中清政府惨败，朝野震动。资产阶级改良思想迅速高涨，形成了广泛的变法维新高潮。尽管戊戌变法被慈禧太后阴谋扼杀，但清廷也不得不做出一些改革的表示。1901年，清政府明令在各地兴办学堂，1905年废除科举，各级学堂逐渐增多。

这时天津人臧佑宸在北京经商，住在劈柴胡同。他有心要办一所学校，正在找校址。1905年4月的一天，一个朋友来看他，他们又谈起了选择校址的事，朋友说："你不是住在劈柴胡同吗，为什么不就在这里办学呢？劈柴，正好解释为开辟人才！"臧佑宸受到启发，决定就地办学。他腾出自己住的两间房子，粉刷一新，买来了桌椅，定名为京师私立第一两等小学堂。贴出告示，很快招来几十名学生，于1905年5月16日正式开学。这是北京办的第一所私立新式学堂，不但设有修身、读经、国文等传统教育内容，还有美工、音乐、体育等新式课程，深受学生及家长欢迎。后来成立的学校，也纷纷学习他的课程设置和管理办法，产生了广泛的社会影响。

臧佑宸还写了一首校歌教学生唱。在劈柴胡同常常响起孩子们清脆的歌声："辟才，辟才，辟才胡同中。苍苍、菁菁、槐柳兼柏松。是何处？私立第一两等。开辟人才、开辟人才，胡同著其名。"后来劈柴胡同就正式被改名为辟才胡同。

辛亥革命后，这所小学因故停办，但辟才胡同的名字却一直使用到今天，再未更改。（图5-14）（图5-15）

图5-14　辟才胡同街牌（孙一泓摄）

图5-15　拓宽后的辟才胡同（作者提供）

　　世纪之交，辟才胡同实施拓宽工程，成为公交车进胡同的第一条示范路线。机动车道宽15.6米，两侧非机动车道宽各5米，方砖步道宽5.2米，还有各宽2米的绿化隔离带，成为总宽度达40米，上下四车道的通衢大道，连接着西单商业区和新兴的北京金融区，是名副其实的北京最宽的胡同。

　　北京的胡同虽然大多横平竖直，但弯曲的胡同也不少。名字叫八道湾、九道湾的胡同就不止一条。在前门大街西侧有一条胡同叫九道湾胡同。明代称般若寺胡同，因庙得名。清代称九曲湾，中华民国时称九道湾，1965年后称九湾胡同，现在改称弓字胡同。但胡同里拐弯远

图5-16　九道湾胡同中巷（孙一泓摄）

不止九个。

　　然而这还不是北京拐弯最多的胡同，较为公认拐弯最多的是另一条九道湾胡同。在北新桥地区东直门内大街南侧，胡同里拐弯多达二十几处，因为拐弯太多，难以辨认，这条胡同现在被分为九道湾东、西、南、北、中五条胡同。（图5-16）

千奇百怪的胡同之最

在北京大大小小的胡同中，有许多各具特色的胡同之最，而这些胡同之最的标准不那么明确、统一，更多"仁者见仁，智者见智"的意味。这里提出供大家商榷。

创下最多"北京第一"的胡同

跟随着历史的脚步，古老的北京胡同走向了近代、现代，许多新生事物在胡同中出现了。创下最多北京第一的胡同是哪条？是总布胡同。

总布胡同在外交部街以南，东西向，东起建国门北大街，西至东单北大街，是一条历史悠久的老胡同。（图5-17）

在西总布胡同中段路北27号院内，原有一座颇具规模的祠堂。祠堂名"表忠"，光绪皇帝御笔赐"功昭翌赞"匾。祠堂主要建筑有过厅、享堂、东西配殿、碑亭等。享堂三楹，为黑琉璃瓦歇山顶，前有月台三出陛，外有红色砖砌围墙，朴素而庄重。这座祠堂是清末重臣李鸿章的祠堂，是北京城第一座也是唯一一座清代汉族官吏的祠堂。

李鸿章（1823—1901），安徽合肥人，晚清军政重臣，淮军创始人

图5-17 西总布胡同（作者提供）

和统帅，洋务运动的主要倡导者。同治九年（1870年）任直隶总督兼北洋通商大臣，掌管清政府外交、军事、经济大权，成为清末权力最大的封疆大臣。李鸿章曾镇压太平天国、镇压捻军，在外交事务中一贯妥协投降，力主议和，签订了多项丧权辱国的不平等条约。同时李鸿章也主张引进西方军事装备与先进技术，先后开办一批近代军事工业与民用工业，逐步扩大"求强、求富"的洋务事业，因而对他的评价上颇多争议。但毋庸置疑，李鸿章在中国近代史上必占一席之地。

像李鸿章这样的重臣，其在北京的故居却没有确切的记载。有资料称西总布胡同祠堂所在地即是他在京的宅邸。1901年他去世后，1902年，宅邸改建为祠堂。

图5-18 李鸿章公祠标牌（作者提供）

1991年，祠堂被拆除。在原址建东城区文化文物局与档案局。现在祠堂的一段南北向的红墙还在，这可能是李鸿章在京唯一的一点遗迹了。（图5-18）（图5-19）

总布胡同还曾创下了不少北京第一。

1911年，由卢绮园任经理的玉泉山酿

图5-19 李鸿章公祠墙（作者提供）

115

酒公司在西总布胡同17号开业，这是北京第一家啤酒汽水厂，生产出了北京第一批啤酒、汽水。

1913年，家住东总布胡同的北洋政府财政总长周自齐，捐资修建了东总布胡同的柏油马路，这是北京第一条柏油路。

1921年，北京成立电车公司，租用京师警察厅总监吴炳湘在西总布胡同11号的宅邸为公用房，这是北京第一家电车公司。

这些第一，都在北京的发展中留下了鲜明的印记。

然而总布胡同也出现过一次极为屈辱的第一。

百多年前，在西总布胡同西口曾立有一座表明清廷软弱可欺的屈辱的石牌坊。1900年6月，德国公使克林德前往总理各国事务衙门，路经西总布胡同西口时，遇上神机营章京恩海率队巡街。克林德首先挑衅，从轿内向外开枪示威，恩海还击，当场将克林德击毙，这成为八国联军侵占北京的直接导火索。八国联军侵占北京后，侵略者到处搜捕恩海。后来恩海被日本的包探捕获，被德军枪杀于总布胡同西口。恩海临刑前大义凛然地说："余因杀敌而死，死无所憾。"

然而腐败软弱的清政府却屈服于侵略者的压力，通过外交途径向德国赔礼道歉，并答应为克林德立牌坊。光绪二十九年（1903年）初，一座石制的克林德牌坊竣工，立于东单北大街总布胡同西口。这是第一座也是唯一一座立于胡同口的石牌坊。

这座代表屈辱的石牌坊压在北京人的心头整整15年。直至中华民国七年（1918年）德国帝国主义在第一次世界大战中战败，北京人民在庆祝胜利时，将牌坊改为"公理战胜"坊，移至当时的中央公园（今中山公园）内。1952年，在北京召开亚洲及太平洋区域和平会议，郭沫若题写坊额，将石牌坊改为"保卫和平"坊，一直矗立在中山公园内。（图5-20）

改革开放以来，总布胡同又创造了新的北京第一。

1978年，总布胡同办起了北京第一所老年学校。

1999年，总布胡同建起了北京第一个社区健身乐园。

图5-20　保卫和平坊（作者提供）

历经沧桑的总布胡同仍焕发着青春，与时俱进！

北京最西洋化的胡同

近代以来，西风东渐，北京街巷上出现了不少西洋风格的建筑。东交民巷因其特殊的地理位置，出现西式建筑的时间最早，数量最多。如果要推举北京最西洋化的胡同，非东交民巷莫属。

东交民巷东西走向，西起天安门广场东路，东至崇文门内大街。现今的东交民巷不仅指这条街巷，而且包括南北两侧的街区，即东起崇文门内大街，西至户部街、棋盘街（今天安门广场东侧）；南迄内城南墙，北至东长安街，占地数平方千米。内含南北向的台基厂大街和玉河（今正义路）。

元代东交民巷处于城外，是和广场西侧的西交民巷连在一起的一条胡同，叫江米巷。当时巷内有元朝负责控制漕运米粮进京的税务所和海关，是南粮北运的咽喉要地，街上出售大米的店铺很多，因而得名江米巷。明永乐十七年（1419年）拓展南城垣始扩入城内。江米巷被新建棋

117

盘街隔为东、西两段，称为东江米巷和西江米巷。

明清这一带是朝廷"五府六部"所在的区域，詹事府、翰林院、工部、兵部、户部、吏部、宗人府、太医院均设于此。明永乐初年，在台基厂建起培养翻译的会同馆。清初至中叶，会同馆主要接待来自安南、蒙古、朝鲜、缅甸四个藩属的贡使。乾隆、嘉庆时期，巷中段有迎宾馆，供外国使节临时居住。清代沿称东江米巷，后以谐音称东交民巷。

1840年鸦片战争以后，这一地区先后设立了英、俄、德、法等国使馆。1900年八国联军入侵北京，东交民巷一带的中国衙署被八国联军抢劫烧毁，收藏在翰林院的《永乐大典》副本和《四库全书》等被毁；太医院内的宋仁宗题词的针灸石刻和明正统年间的针灸人像均被外国侵略军掠走；日军抢走户部存银300万两，并纵火焚毁房屋。同年12月22日八国联军以各国公使馆遭义和团围攻，安全没有保障为借口，提出"各使馆境界以为专与住用之处，并独由使馆管理，中国民人概不准在界内居住""诸国分应自主，常留兵队，分保使馆"。1901年根据《辛丑条约》将东交民巷改为"使馆街"。使馆区东至崇文门内大街，西至棋盘街，南至城根，北至东单头条，将原有的中国衙署、寺庙、王府、民房强行拆除，使馆区面积增加了20倍。各国在此大兴土木，扩建使馆，修盖兵营、洋行、俱乐部、医院、银行等。帝国主义强占了东交民巷，使馆区成为"国中之国"，清政府无权过问。

俄国公使馆占地面积非常大，南墙临东交民巷，东墙临御河（今正义路西侧）。俄国公使馆占据了原鸿胪寺的南半部和钦天监。俄国兵营占了太医院，练兵场则占了原礼部和工部的一部分。

法国公使馆旧址位于东交民巷15号，清咸丰十一年（1861年）春，由纯公府改建的使馆交由法国公使使用。八国联军侵占北京后，根据《辛丑条约》，又强占太仆寺及附近民房，扩建使馆，占地48000平方米。使馆北墙临海关，东墙在东交民巷北侧。其兵营建在台基厂东侧，南墙在今台基厂三条北侧，北墙临在今台基厂二条南侧。兵营东为法国粮库，其东墙直达崇文门内大街。法国公使馆大门用砖砌出壁柱和拱券，外形类似巴黎凯旋门，门前还有一对中国石狮。院内有中央喷水池，四栋法国乡村别墅风格的两层配楼。（图5-21）

日本公使馆最初设立在东四六条的一所民宅中，光绪十二年（1886年）在东交民巷23号日本兵营内兴建新馆，为砖木结构西式平房。公使馆迁入后，又以平房为基础，扩建一座四合院。《辛丑条约》签订后，日本公使馆迁入位于今正义路的新馆，旧馆改作他用。日本公使馆是东交民巷地区现存最早的建筑物。日本公使馆将原詹事府和肃王府西部并入并扩大。其南半部为使馆，北半部为兵营。现在中国青年旅行社院内

图5-21　法国公使馆旧址（作者提供）

就是当年设在此地的日本警察署的牢房。

比利时使馆最初设置于同治四年（1865年），当时在东单牌楼北，义和团运动中被焚毁。随着1901年《辛丑条约》的签订，比利时趁机占据了位于东交民巷的徐桐宅第，重新修建使馆，整个使馆采用英国都铎式风格的主楼，地上三层，地下一层，楼前一水池。主楼东西各两栋配楼对称分布，是1901年利用庚子赔款扩建的。（图5-22）

荷兰使馆旧址位于前门东大街11号，同治十二年（1873年）设立。现存为宣统元年（1909年）建的两栋楼房，是折中主义风格的建筑。东楼是大使的官邸，地上两层，地下一层，正面主入口凹入，用白色石料砌成。

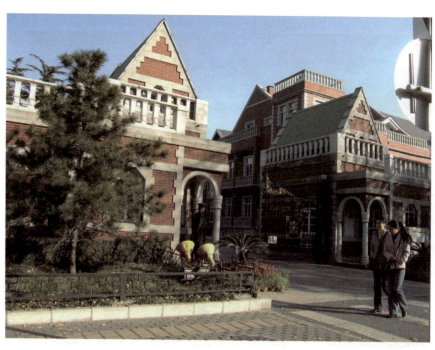

图5-22　比利时使馆旧址（作者提供）

除公使馆外，还有服务机构设施。

现东交民巷19号是法国邮政局旧址，建于宣统二年（1910年），为折中主义风格，融合中式建筑特色的精美的平房。建筑主体是砖木结构，坐北朝南，南正立面左右对称，东、西两侧各开一门，门两侧有花岗岩贴面壁柱，正门前墙体有六扇连续的拱券式大窗。（图5-23）

法国邮政局斜对面，东交民巷34号是东方汇理银行旧址，1917年竣工。地上三层，地下一层，地下一层顶部高出地面数米，实为半地下。建筑为折中主义风格。（图5-24）

美国花旗银行旧址在东交民巷36号，竣工于1914年，地上三层，地下一层，砖石结构。正立面有四根石廊柱，地上第一、二层楼之间是一道砖石结构的出檐。楼顶正中饰有石雕的花旗银行徽帜。现在是北京警察博物馆。（图5-25）

圣米厄尔天主堂，坐落于东交民巷

图5-23　法国邮政局旧址（作者提供）

图5-24　东方汇理银行旧址（作者提供）

甲13号。1901年，法国人主持修建。同北京其他教堂比，该教堂规模较小，南北进深14间，东西面阔3间，为哥特式圣堂，坐南朝北。这是外国人在京修建的最后一座教堂。（图5-26）

至中华民国初年，东交民巷地区的各国银行、洋行、医院等数量达90多家。有英国的汇丰银行、麦加利银行，德国德华银行，法国中法东方汇理银行，日本正金银行等。（图5-27）有美利洋行、利威洋行、利格洋行和六国饭店等。东交民巷西口是法国医院，东口是德国医院和美国同仁医院。沙俄设立东省铁路总局，美国设立江南京汉铁路公司，英国成立开平公司。巷内还有国际俱乐部、电灯公司、骏利马车行等服务机构。

图5-25　美国花旗银行旧址（作者提供）

图5-26　圣米厄尔天主堂（作者提供）

1915年各国公

图5-27 日本正金银行旧址（作者提供）

使共同成立事务行政公署，作为使馆区内最高行政机构。这一带的街名也被更改，标志着中国主权的进一步丧失。在巷两端建造铁门，由外国军警守卫。区内设有8个碉堡，每座使馆筑有围墙，整个使馆区外围又筑起一道6米高的围墙，墙上有炮眼、射击孔及红漆的钢顶炮塔，围墙外挖有壕沟。中国警察和军队不得进入。建在皇宫对面，且凌驾于清王朝之上的这座国际兵营，至今仍留有历史的痕迹，时刻警示人们不要忘记一百多年前的国耻。东交民巷街区是中国进一步沦为半殖民地半封建社会的一个标志。

历史的转折是在新中国成立前夕，那是一个让中国人扬眉吐气的日子。1949年2月3日在北平举行了盛大的中国人民解放军入城仪式。上午

123

10时四颗信号弹升入蓝天，庄严隆重的入城仪式开始了。装甲车队、炮兵车队、骑兵分队和步兵方队从永定门进入北平，沿前门大街行进，在前门箭楼接受领导检阅后，再经过前门城楼，向右拐进了东交民巷。据说这是特意安排的，这是向侵略者示威。中国人民解放军的大型绿色道奇卡车牵引着榴弹炮从东交民巷西口开进，出东交民巷东口，向东单行进。坦克的轰隆声、大炮高昂的炮口、骑兵的马刀和步兵的钢枪，形成中国人民解放军不可战胜的强大军威。北平市民的欢呼声、歌声显示了中国人民站立起来的喜悦心情。1959年，按照中国政府的安排，东交民巷内的各国使馆陆续迁出，结束了使馆区"国中之国"的历史。

现在的东交民巷十分安静，车辆和行人都不是很多。街两边各种风格、样式的西洋建筑经过岁月的洗礼仍较好地保留着，仿佛在述说着历史。走在北京这条最西洋化的胡同里，你会有什么感受？

名称"最富诗意"的胡同

北京胡同名称在不断雅化过程中日趋文雅。有的十分吉祥喜庆，有的亲切、动听，也有不少富有诗意，如什锦花园胡同、杏花天胡同、芳草地胡同、天仙胡同等。如果问哪一个更富诗意，许多人认为是百花深处胡同。（图5-28）

百花深处胡同位于新街口南大街东侧，东西向，长约150米。在清代《京城全图》中记作花局胡同，晚清《京城坊巷志稿》中称为百花深处胡同，可见这条胡同中花繁叶茂的美景在清代已很著名。据《北京琐闻录》载，在明代万历年间，有一户张氏夫妇在新街口南小巷内购买了一大块空地。先是种菜，稍有积蓄后便广植花卉，并挖池引水，叠山造池，建造了一片优雅的园林。吸引了许多文人雅士前来观花赏景，饮酒赋诗，百花深处的名字传遍京城。

至清末，随着社会动荡，经济凋敝，这里的花园不复存在，逐渐盖起住房，成为普通街巷。但百花深处的诗意名字，仍不时激起人们的遐想。顾城的一首小诗，据说就是题给百花深处："百花深处好，世人皆不晓。小院半壁阴，老庙三尺草。秋风未曾忘，又将落叶扫。此处胜桃源，只是人将老。"20世纪80年代流行音乐在北京初

图5-28　百花深处胡同门牌（作者提供）

起，胡同中16号院曾有一录音棚，是北京最早的几个录音棚之一。当年不少音乐人常在这里聚会，聊音乐、谈梦想，给百花深处增添了时尚艺术的元素。

古都情愫

北京的胡同与四合院

6

相互依存的胡同与四合院

胡同四合院同生又共长

在千百条宁静、幽深的胡同两侧是无数个形式、规制各不同的门楼，推开大门就是老北京人最主要的居住建筑，著名的北京四合院了。

北京四合院是由若干单体建筑组合而成的，大门是四合院单体建筑中处在最外面，是人们进院前首先看到的一座。在中国建筑中对门的形式异常重视，"房屋以门户为冠带"，大门不仅是宅院出入的通道，也是主人身份、家境及社会地位的象征，而且反映着主人的知识水平及审美趣味，"门第""门生""门阀"等用门字组成的词也都有一定社会地位的含义。（图6-1）历代的典章制度对大门建造的规制

图6-1　张自忠路3号，原和亲王府、老恭王府大门（作者提供）

清末在王府旧址上新建西洋风格的陆军部、海军部。北洋军阀时期，这里曾是总统府、国务院所在地。但王府规格的大门始终未变。

127

图6-2　张自忠路23号（作者提供）

　　明朝时曾是崇祯宠妃田贵妃娘家，田贵妃之父田畹的府邸。门前有两尊大铁狮子，这条街也因此得名铁狮子胡同。北洋政府时期，任外交总长、代理国务总理的顾维钧住此院。1925年3月12日，孙中山先生在此病逝。

图6-3　柳荫街涛贝勒府门，现在是北京市第十三中学（作者提供）

都有极为严格规定。中华民国以前，北京四合院的大门也是有严格等级区别的，门的间数、式样、屋顶形式、油漆颜色、装饰配件等都有制度限制，不能逾制。

　　形式多样的大门按构造划分，分为屋宇式大门和墙垣式大门两大类。

　　王府大门是屋宇式大门中等级最高的，其本身又根据亲王、郡王、贝勒等门第的高低而有差别。清代顺治九年（1652年）《大清会典事例》规定：亲王府"正门广五间、启门三……均红青油饰，每门金钉六十有三"；郡王府、世子府"正门金钉减亲王之二"；贝勒府"正门三，启门一间"；贝子府"启门一"。亲王府门上可覆绿色琉璃瓦，郡王以下不得用琉璃瓦。（图6-2）（图6-3）

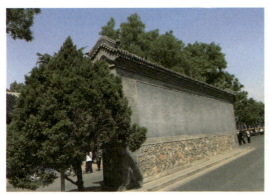

图6-4　前海西街18号，郭沫若故居的府前影壁（作者提供）

图6-5　柳荫街恭王府花园旁门前的石狮（作者提供）

平面布局上，王府大门开在中路轴线的最南端，位置居中。府门东西两侧还有角门，俗称阿司门，供普通人出入。府门外设有石狮、灯柱、拴马桩、上马石等，在门对面正前方立有外影壁。（图6-4）（图6-5）

广亮大门是第二等级的大门，在清代必须有一定官品的人家才可以使用。大门檐上端的雀替和三幅云即是品位的标志。（图6-6）（图6-7）

图6-6　黑芝麻胡同13号的广亮大门（作者提供）

图6-7　一间规范的广亮大门（作者提供）

门建在高台阶上，门前有上下马石，门对面是高大的影壁。这里曾是清末四川总督、兵部尚书奎俊的府邸。

大门檐柱上端的雀替、戗檐上的砖雕、门簪、门枕石等都保留完好。

129

广亮大门相当于一开间的屋宇，进深略大于与它相邻的房屋，地面也高于胡同地面，因而屋顶也略高于相邻的房屋。从胡同中看去，比其他屋宇更为突出、醒目。

广亮大门最重要的特征是门扉设在屋宇脊檩下中柱位置，把门洞一分为二，使大门入口处宽大敞亮，因而有广亮大门之称。

广亮大门是屋宇式大门中最基本的一种形式，其他种类都可以被视为它的沿承和变异。

金柱大门的规格低于广亮大门，是一般官吏和富商住宅的大门。金柱大门也占有一间屋宇，但进深较浅。它的门扉前移，安装在中柱外靠近前檐的金柱位置，故此得名。这种门的门洞大部分被放在大门之内，门外部分较窄小，远不如广亮大门气派。（图6-8）（图6-9）

再低一个档次的门称为蛮子门。它的特点是将门扉再次前移，移至前檐柱的位置上，门外几乎没有空间。

图6-8　护国寺街上一处新建四合院的金柱大门（作者提供）

图6-9　礼士胡同129号的金柱大门（作者提供）

　　门上有精美的砖雕和彩绘。这里曾是清末武昌知府宾俊在京的旧居，后被卖给富商李彦青。新中国成立后曾作为印度尼西亚驻华大使馆，后归文化部使用。

（图6-10）

　　还有一种屋宇式大门称为如意门。与其他门的最大区别是它在门的前檐下砌了一道砖墙，墙上留出较窄的门洞口装门扉。不少如意门是广亮大门改建的，有些在中柱的位置还留有原来装门的槽口痕迹，有些甚至原来的门还保留而没有拆，又在外檐下砌墙改为如意门。这种改建往往是原广亮大门的院子出售给了没有官位的

图6-10　蛮子门（作者提供）

131

富户，新主人没有官位，不敢逾制使用广亮大门而改为如意门。另一原因是近百年来，各国列强数次入侵北京，烧杀劫掠，居民为安全计，缩小门户加建砖墙。（图6-11）

图6-11 豆腐池胡同15号的如意门（作者提供）

这里是毛泽东的恩师杨昌济的故居。1918年8月毛泽东赴京曾在此院居住。

如意门轻巧灵便、安全适用，逐渐成为北京四合院使用最多的大门形式。如意门的装饰也可繁可简，适

图6-12 秦老胡同35号如意门，门上砖雕极为精美（作者提供）

用于各种经济水平的家庭。富户可在门楣上大加雕饰，其上布满精美的砖雕，如狮子滚绣球、九世同居等。中等的用荣华富贵、番草人物等，既可显富、夸富，又不逾制。普通家庭门楣上可不用任何装饰，平素墙面也朴素大方。（图6-12）

　　与屋宇式大门相比，墙垣式大门要简单得多。它不占屋宇，直接开在院墙上，所以也称随墙门。随墙门也要建一个小门楼，门洞两边修两道极短的山墙，上加屋顶即可。（图6-13）（图6-14）近代随着西风东渐，西洋式建筑影响中国，在随墙门上也出现了西式元素，门楼修为拱券式，上

图6-13　随墙门（作者提供）

图6-14　随墙门上常用攀缘植物进行绿化（作者提供）

　　这种有小门楼的随墙门是随墙门中最常见的形式，门楼虽小但做工考究。

图6-15　张自忠路5号西洋式门（作者提供）

这里是欧阳予倩故居，曹禺、金山、沙可夫等都曾在此院居住。

图6-16　内务部街北京市第二中学的老校门是西洋式门中的精品（作者提供）

雕许多西洋纹饰和部件，很像圆明园中的西洋楼，因而这种门又称圆明园式随墙门。（图6-15）（图6-16）

各类大门上都有一些既有装饰效果又有实际功能的部件。

门簪。位于大门的中槛上，形状有圆形、四方形、六角圆柱形等。正面加饰木雕，内容以花草纹样为主，也有吉祥文字、汉瓦当纹饰的。广亮大门、金柱大门多为四颗，如意门为两颗。门簪除装饰作用外，它的上部装走马板，供悬挂匾牌或施以彩画。它后部的长榫穿合中槛与楹联，有固定门扇上轴的作用。（图6-17）（图6-18）

门枕石。门框立柱两侧通常会摆放两块长石，用以承托大门的下轴和门的重量。门外侧部分叫抱鼓石，又俗称门墩，作为配重使大门在开合时保持平衡。

图6-17　广亮大门和金柱大门上多有四颗门簪，"吉祥如意"是门簪上使用最多的喜庆用语（作者提供）

抱鼓石分为圆鼓形和方箱形两大类，是大门装饰的重点。许多抱鼓石都是精美的石刻艺术品，它们的多个面都可以精雕细刻吉祥图案，如五福捧寿、福禄双全、岁寒三友、鹤鹿同春、三阳开泰等，用以表达人们希望幸福、安康、长寿的美好愿望。门簪、门枕石上下呼应，给大门平添了无

图6-18　灯草胡同19号大门的走马板上彩绘的是古代传说八仙过海，彩绘人物形象生动传神，色彩艳丽（作者提供）

图6-19　方形抱鼓石（作者提供）

石上刻着憨态可掬的小狮子。

图6-20　圆形抱鼓石（作者提供）

下有小须弥座，竖立着圆形鼓，
侧面刻有荷叶，上刻小卧狮。

图6-21　年代久远的圆形抱鼓石
（作者提供）

图6-22　年代较近，刻工精细的
圆形抱鼓石（作者提供）

限风韵。（图6-19）（图6-20）（图6-21）（图6-22）

　　在两扇门扉上有一对金属门环，常为六方形或圆形，因形状如中国的打击乐器钹，也叫门钹。一般为铁制，大户人家多用铜制。在其突出的脐上吊上环状或柳叶状物，来客拍响门环，发出清脆的声响，主人就知道有人拜访，作用如现在用的门铃。（图6-23）（图6-24）

图6-23　圆形兽头门环（作者提供）

图6-24　铜制圆形兽头门环（作者提供）

　　旧时的大门常漆成黑色，但在门心位置往往漆出两块红色的条形，用作书写对联。对联是中国传统文化中一种独特的形式，对仗工整，平仄协调，文字简练，立意性强而又颇有趣味。书写或雕刻在门扉上的对联特称门联，往往表达主人的人生追求、思想境界和审美情趣。

　　清代满族官员家庭在门联上多书"天恩春浩荡，文治日光华"，表达对皇权的拥戴。书香门第常写"芝兰君子性，松柏古人心""物华天宝，人杰地灵"等。一般家庭书写最多的是"忠厚传家久，诗书继世长""为善最乐，读书最佳""知足常乐，能忍自安"，表达了北京人善良、厚道、忍让的性格特点，期盼家庭和睦、国泰民安的美好愿望。（图6-25）（图6-26）

　　门联也反映了时代的变迁。辛亥革命后，北京出现了一副新门联"物华民主日，人杰共和时"，及时反映了社会的进步。新中国成立后出现过"努力学文化，随时爱光荣"等反映新时代风尚的门联。"文化大革命"开始后，北京的门联被认为是"四旧"，被去除，换成了毛主

137

图6-25　铁树斜街101号，梅兰芳祖宅上的门联（作者提供）

图6-26　西四北二条某门上的门联（作者提供）

红色大门刻绘金字门联，在北京较少见。

席诗词，如"四海翻腾云水怒，五洲震荡风雷激""金猴奋起千钧棒，玉宇澄清万里埃"等。门联也成了时代脉搏跳动的音符。

屋宇式大门平面布局上在哪个方位？这要从胡同与四合院的关系说起。北京的胡同与四合院可以说是共生共长、相互依存的关系。自元大都新城创建之初就有了数百条横平竖直的火巷与胡同，紧邻胡同两侧几乎同时修建了大量合院式住宅。经过明、清两代，这种住宅逐渐发展成为四面围合、中轴对称、秩序严谨而又组合灵活多变的居住建筑体系——北京四合院。胡同不仅为院落里的人们提供出行的必要交通通道，规范着城市街区的布局，形成了城市的肌理，而且对四合院的朝向、布局、出入口的设置方位产生了重要的影响和制约。

　　四合院与胡同街巷在布局、朝向上的一般规律是：所有四合院的主入口均朝向胡同街巷，将院落正面展示在街道上。无论院落坐落于街巷的哪个方向，院落的轴线一般都是南北方向，始终把正房位置设置为坐北朝南的方向。因为北京位于北半球的中纬度，冬季寒冷干燥多西北风，坐北朝南的方向恰好可以避开北风，又可接受较多的阳光，是最好的方位。

　　北京的胡同多是东西向，路北的院落正是坐北朝南的好朝向。受古代建造房屋风水学说的影响，人们大多将大门开在院落的东南角。此处是八卦中的"巽"位，是柔润之风吹入的方位，属于风水中的吉位。在胡同南侧的四合院通常将大门开在院子西北角，它们往往宁可牺牲一部分面积，也要以建夹道等方式调整院落朝向，不将正房建为倒座房。

　　在两条较大的胡同之间常有作为通道的南北向小胡同，两边有坐东朝西的院落或坐西朝东的院落，也要采取类似的方式调整院落朝向。对于四合院，胡同是延展的、敞开的，它将单体的四合院连接、编织成社会性的街巷。胡同不仅是四合院进出的通道，它也是协调、促进居民邻里之间联系、交往的不可或缺的"公共空间"。人们在胡同里打招呼、相互问候，一起散步、遛弯儿，妇女们一起在门洞里聊天、做针线活，孩子们在胡同里抖空竹、滚铁环……北京胡同里所创造出来的生态文化是中国传统邻里文化中浓墨重彩的一笔。

　　北京胡同与西方国家城市居住区小街巷的景观是完全不同的。北京胡同两侧是由四合院房屋的后檐墙和院墙组成的，是连续的，相对封闭的。四合院住宅是由房屋包围着院子，在胡同中只能看到宅院大门和后檐墙，看不到房屋内侧，更看不到院子。（图6-27）（图6-28）

　　西方国家恰恰相反，西方民居是院子包围着房子，即四周是院子和花园，中间建着房子，围在院子四周的是矮矮的院墙，甚至仅有稀疏的

图6-27　单调的北京胡同街景
（作者提供）

　　北京胡同两侧是由户门、房屋后檐墙和院墙组成，相对封闭，在胡同中看不到院子。

　图6-28　规划后的北京胡同街景（作者提供）

图6-29　悉尼居住区小街，旁边的住宅建筑颜色不一（作者提供）

图6-30　悉尼民居小街，旁边的住宅建筑颜色统一，应该进行了统一规划（作者提供）

绿植。因而在他们的小街巷上看到的是暴露无遗的一座座住宅，小街巷本身是完全开敞的、不连续的。建筑与街巷的不同或许恰恰反映了不同文化的差异吧。（图6-29）（图6-30）

中国四合院北京最经典

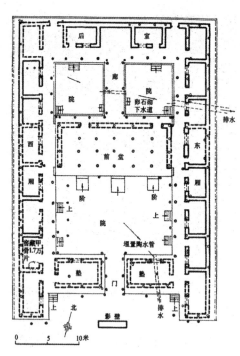

图6-31 陕西岐山凤雏村四合院遗址示意图（网购图）

142

打开胡同中的大门走进去，就是北京的四合院了。

所谓四合院，顾名思义即是平面以庭院为中心，四周环以房屋组合而成的对外封闭、对内开敞的中庭式中国传统民居。

中国传统民居凝聚了中华民族的生存智慧和创造才能，直观地表现了中国传统文化的价值系统、民族心理、思维方式和审美理想，同时也承载着中国封建社会的等级制度理念。

四合院在中国有悠久的

历史，早在商代即已出现了四合院的雏形。挖掘出土的河南偃师二里头商代遗址中，宫殿四周用廊庑环绕，大门为屋宇式建筑，已经初步形成了合院式空间体系。到西周时期四合院形态已较为完整，最有代表性的是陕西岐山凤雏村的四合院遗址。整组建筑位于1米多高的夯土台上，中轴线上依次排列着影壁、大门、前堂、穿廊、后室，两侧为通长的厢房及檐廊，呈完整的两进院布局。这组四合院被称为"中国第一四合院"。（图6-31）在以后的历史岁月中，四合院的建筑形式不断发展完善，隋、唐、五代时期的四合院住宅在敦煌壁画、山西永乐宫壁画中均有展现：贵族宅院房屋建筑用廊庑连接围合，院落层层递进，并有亭、台、楼、阁等园林建筑。（图6-32）

宋代是我国木结构建筑的成熟期。北宋崇宁二年（1103年）正式刊印的李诫著的《营造法式》，对构件实行规格化，对工料实行预算制度，并向全国推广。辽、金政权受宋代文化的影响很深，在北京地区建都后，不仅按照北宋汴梁的样式建设皇宫，连民居也都采用传统的四合院形式。

元代在建设大都新城时，将两条胡同中间的土地按一份八亩分给达官贵戚建住宅，大量的四合院住宅在元大都建成。20世纪60年代后，在西城区北部发掘了多处元代住宅遗址，发现其开间尺寸、院

图6-32 山西永乐宫壁画中的民居（作者提供）

143

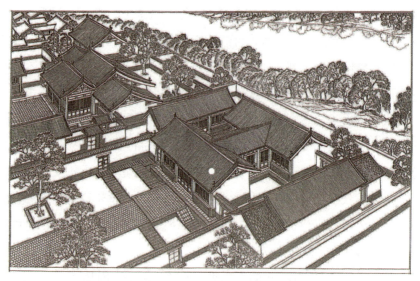

图6-33　元代后英房住宅复原图（作者提供）

落布局甚至建筑细部都符合《营造法式》的规定，与宋代汉族四合院无异。西直门附近的后英房胡同中发掘了一处大型住宅，正房建于台阶之上，前出轩廊，后有抱厦，正房前有东西厢房。它也有与以后明清四合院不同之处，即南北房之间以柱廊相连，平面成"工"字形布局，这是宋代流行的建筑形式，明代后逐渐消失。（图6-33）

　　明王朝建立后，社会经济得到较大发展。迁都北京后分别从浙江、山西等地迁进数以万计的富户，使北京居民五方杂处，人口也迅速增加。随着紫禁城的建设，各方能工巧匠进京，带来了高超的建筑技艺，进一步提高了民居建筑水平，四合院的形制走向成熟。清入关后大量吸收汉族文化，也继承了四合院的建筑形式，四合院建筑更为规范化、标准化。

　　北京四合院知名度很高，被称为北京城市名片。这使一些人误以为中国只在北京有四合院，其他地区没有四合院式民居，这就大错特错了。四合院形式的中庭式住宅是人类普遍采用的居住方式，广泛分布在北半球温带和亚热带地区。考古学家在古埃及、印度及两河流域都发现过这种类型的住宅遗存，时至今日在南欧、东南亚、北非等诸多地区，人们仍沿用着这种住宅形式。

翻开中国地图从北向南，从吉林、辽宁到北京、河北、山西、河南，跨过长江到江浙、两湖，再转往西南，到两广、云贵都有四合院的建筑形态。建筑学家把它们归结为北方四合院、南方四合院和西南四合院三大体系。

北方四合院以北京为代表，院落有明显的轴线对称关系，房屋四面围合但呈分离状，院落较为宽广。南方四合院以江浙为代表，住宅以天井为中心，周围以半开敞的厅堂围合，俗称为"四水归堂"。（图6-34）（图6-35）西南四合院以云南为代表，住宅房屋连成一体，中央保留院落，呈"口"字形，称为"一颗印"式住宅。（图6-36）

仔细观察比较会发现，由北向南四合院的

图6-34　南方四合院天井（汇图网提供）

天井式四合院是中国南方民居的代表，其主要特点是庭院小而高、天井窄而深。

图6-35 南方天井式四合院（汇图网提供）

　　由于南方人多地少，气候炎热多雨，因此四合院多为二层楼或三层楼式建筑，中间只留有较小的庭院用来通风散热。

图6-36 西南一颗印式四合院
（汇图网提供）

图6-37　山西四合院（汇图网提供）

院落有由大变小的趋势。因为由北至南我国气温越来越高，北方冬季需要日照，院落要足够大，房屋之间有足够的距离才能获得充足的阳光。而南方夏季需要遮阳，为避免过度日晒，房屋的间距应该缩小，较小的天井也有利于通风。再看从东向西，四合院由宽变窄，院落呈由方变长的趋势，这是因为西部地区风沙较大，南北狭长的院落有利于风向分流，达到防风避沙的目的。（图6-37）

　　三大体系中的四合院都是在适合当地自然条件与社会条件的情况

下，经过长期历史发展而形成的，各有优长与特色，无须进行优劣比较。但是由于北京得天独厚的地理位置和800多年来作为国都的历史地位，北京四合院除了具有中国传统四合院民居普遍的形式特征和文化内涵外，还有其独特之处。它在建筑空间布局、建筑形态与尺度、建筑材料和建筑装饰等诸多方面都有着独特的风采，成为中国四合院民居中最经典、最成熟、最规范的代表。

由房屋四面围合而成的四合院初看仿佛形式较为单纯、简单，实则是由各种单体建筑按照固有规律、尺度和比例关系组合成的，具有一定格局的复杂建筑体系。从贫民的简陋四合院到"庭院深深深几许"的王公府邸，四合院形式、格局多有变化。在北京很难找到两所完全相同的四合院。

中国建筑的灵魂在"群"，在于组合与联系。"群"不是单个建筑的简单组合，而是三重空间的有机互动互生。四合院的美也在于组合，不仅在于单体建筑组合成院落，而且在于单体院落组合成院落"群"，组合方式主要是"进"与"路"。

将不同功能的院落空间以南北轴线为导向，顺着延伸方向排列多个院，形成连续递进，纵向发展的空间组合，其中"院"以"进"为单位表示，以几进院表示四合院组合的规模，是一种串联的组合方式。

一进院是最简单的四合院。正房位于基地的北部，坐北朝南，一般为三开间，左右各有耳房。正房前左右对称建东西厢房，构成院落的东西两侧。在正房的对面，院子南边建有南房，坐南朝北，也叫倒座房。四面房屋围合成一个"口"字形院落。如果不建南房，南边仅为院墙则不能称为四合院，只能称三合院。（图6-38）

二进院是沿东西厢房的南墙建一道墙，中间开门，将院子分为横向窄长的外院和基本为方形的内院，整座院落约成"日"字形。（图6-39）

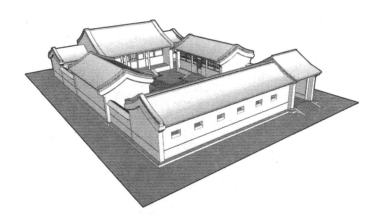

图6-38　一进四合院示意图（张洁提供）

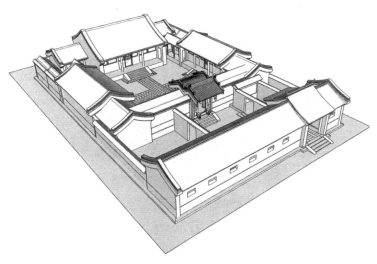

图6-39　二进四合院示意图（张洁提供）

三进院是在二进院的正房后面，再建一排后罩房。后罩房坐北朝南，房前有一横向窄长的后院，整座院落约成"目"字形。（图6-40）

四进院是二进院正房的后面再建一座有正房和东西厢房的院落，成为第三进院，原后罩房所在院落成为第四进院。（图6-41）五进院、六进院

149

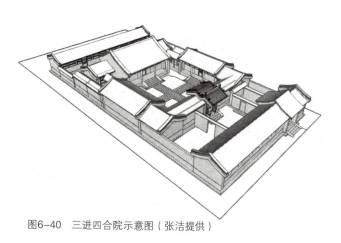

图6-40 三进四合院示意图（张洁提供）

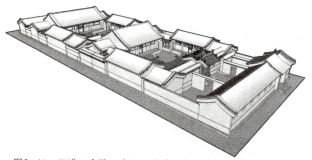

图6-41 四进四合院示意图（张洁提供）

以此类推。

但由于北京两条胡同之间的距离有限，大多为70多米，若第一进院在胡同北面，第五进院已到了下一条胡同的南侧，因此五进以上的院落是极少的。

四合院的另一种组合方式是"路"。在院落的纵向进深受限的情况下，大型四合院建筑常采取多个纵轴合院组群，形成纵横结合的组合空间。此种组合方式以一轴组合的纵深院落为基本单位，称为"一路"，多轴平行并列组成的称为多进多路四合院。

比较简单的是两路，又称双向复合型。又分为两种，一种是主副组合，即以一所三进或四进四合院为主体，旁边设简单的小院称"跨院"。跨院中的房屋规格较低，一般不做主要房屋使用。另一种是两院并列，即两组规模相当的院落并列，不分主次。但用途上有分工，比如一路以居住为主，另一路以对外接待为主。（图6-42）

王府等大型住宅多由中、东、西三路院落及王府花园组成。中路是主轴线，大门开在正南方，进入大门，迎面是七开间的银安殿及左右配殿，是王爷执行政务的殿堂。后面是用于祭祖的殿堂。西路是居住用房，东路用于会客。王府花园有建于整个住宅北面的，也有建于西路或东路的。王府可以说是高级复合型的四合院住宅。（图6-43）

在明清的北京，普通民居是四合院，王府是高等级复合型的四合院。会馆、坛庙、宫观、衙署等各类建筑都是变异的四合院，而紫禁城是结构复杂的超级四合院，所以人们

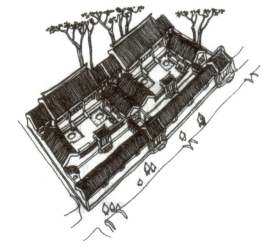

图6-42　两路四合院示意图（作者提供）

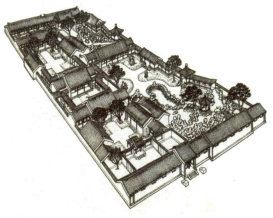

图6-43　带花园的复合型四合院示意图（作者提供）

称北京为"院城"。院与城的空间布局有异曲同工之妙，方方正正，中轴对称，封闭围合，层层递进。北京城与四合院在形态上的酷似，在世界其他城市中是罕见的。

151

一座四合院满满北京情

在对四合院的方方面面有了初步了解之后，让我们仔细地去观摩一座三进四合院。三进院被认为是最经典、最有代表性的四合院，从中可以很好地体会四合院的建筑之美和文化内涵。

我们要观摩的这座四合院坐落于东西向胡同的北侧，坐北朝南，这是四合院最理想、最正规的方位。迈几步台阶推开大门之后是宽敞的门洞。门洞前方是影壁，这是一道独立的影壁，像一堵短墙立在大门对面，形成进门后第一个视觉焦点，同时是视觉的屏障。影壁下方是须弥座，上方像正规的房子一样有屋檐、屋脊，影壁心由浅色青砖斜砌而成，磨砖对缝，

图6-44　独立影壁（作者提供）

影壁是北京四合院常用的装饰性、标志性很强的一种砖雕建筑。大门内影壁迎门而立，与左右对峙的屏门共同组成四合院的第一个空间。

异常工整，并有精致的砖雕。图
案喜庆如松鹤延年、鹿鹤同春、
和合万福、莲花牡丹等，也有
雕刻文字的，如"平安""鸿
禧""吉祥"等。（图6-44）（图6-45）

　　还有一种较简单的影壁，叫
跨山影壁或借山影壁。它不必另
砌独立的影壁，而是借东厢房的
南侧山墙，由墙面上挑出屋檐，
影壁心就做在墙上。这种影壁装
饰可繁可简，讲究的与独立影壁
相近，简单的就在墙面上抹块矩
形粉墙，周围加一道边框，起一
点象征作用。

图6-45　护国寺街某院内一独立影壁（作者提供）

　　此影壁做工精细，影壁中间刻有富贵牡
丹，四角是梅、兰、竹、菊，精美大气。

　　出了门洞，东面有一道墙，
墙上开着很大的月亮门，门上有可以对开的四扇屏门，油漆成豆绿色。
门内有一独立的小偏院，院内有一间南房，一般是供男仆居住的。

　　西侧同样有一月亮门，进门后是一狭长的院落，这是四合院的第一
进院，即外院或前院。院南边有五间坐南朝北的房子称倒座房，这几间
房常用作外客厅或书房。较大的宅子常把最东头一间隔出来，门开在门
洞中，作为传达室。还有的宅子会把倒座房靠西的两间用一道南北的墙
隔出一座小院，这座小院是为来访的亲友准备的。小院的西北或西南角
有一间小屋作为厕所。

　　在外院的北侧，紧贴东西厢房的南墙砌有一道界墙，将内外院分
开。在界墙的中间中轴线的位置上开一门，这是宅子的二门，过去俗话

说大户人家的小姐"大门不出，二门不迈"中的"二门"就是指的这道门。这道门不大，却一反四合院较为朴素淡雅的总体形象，装饰华贵，色彩俏丽，砖雕、木雕、石刻、油漆彩画等一切中国建筑的装饰手法都在这道门上采用，使之成为整座院落的视觉中心。

二门的类型很多，较大型的多用勾连搭屋顶，即"一殿一卷"式。

图6-46　恭王府乐道堂垂花门（汇图网提供）

图6-47　什刹海地区某院内垂花门（作者提供）

朝外的一门做有脊的，后半部做券棚顶。屋顶之下饰以倒垂式的雕花木罩，外面有两根不落地的悬柱，柱头处精心雕出花瓣倒垂的荷花或西番莲，称为垂莲柱，因而二门又被称为垂花门。（图6-46）（图6-47）（图6-48）（图6-49）

　　垂花门的内部用四扇绿色屏门封闭，两侧与游廊相通。四扇屏门平时是不开的，只有喜庆大典或来了重要客人才开启，因而站在外院，通过垂花门仍不能窥视内院的情景。

　　进入内院要先进入垂花门，再左拐或右拐入抄手游廊，即由垂花门门洞通向东西厢房并最终合抱于北面正房的游廊，再下到院中。

　　内院是四合院的第二进院，这才是家庭成员的正式住宅。

　　在院子的北部坐北朝南的是正房，从开间、进深、高度到工料、装修，都是全院之首。正房的间数一定是奇数，一般住宅都是三开

图6-48　前海西街18号，郭沫若故居内的垂花门（作者提供）

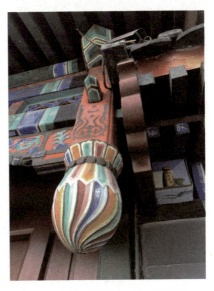

图6-49　垂花门的垂莲柱（作者提供）

间，中间的门在中轴线上。这是受明代制度的约束，庶民造屋不准超过三间，直到中华民国后，正房才有五间的。在正房的两侧各有一间或两

图6-50　四合院中的正房（汇图网提供）

　　正房是四合院内地位最高的房间。整体来讲坐北朝南，屋内采光好、透气性强、冬暖夏凉。一般正房内居住的多为四合院中的长辈或者是屋主。

间较低矮的房子叫耳房。耳房前有一小块空地，外侧建一道墙即可形成一独立的小院。

　　正房条件最好，冬暖夏凉，是家中长辈居住的。中间的一间是家长接受晚辈晨夕问安和接待重要或亲密客人的客厅，又常兼用作全家共同用餐的餐厅。两边是卧室，耳房常用作长辈的书房。（图6-50）（图6-51）

　　在正房之前，东西两侧相对而立的是厢房。位于东侧门窗朝西的称

156

图6-51　前海西街18号，郭沫若故居内带有前檐的正房（作者提供）

东厢房，位于西侧门窗朝东的叫西厢房。厢房一般为三间，厢房的尺度、工料、装修等都比正房略差，是供儿孙辈居住的。厢房的两端也可以有耳房，东厢房的耳房常用作厨房，以符合"东厨司命"之意。

从正房耳房旁的小通道可以进入第三进院，即后院。这也是一个狭长的院，北面建有一排房屋称后罩房，供家中女眷及女仆居住。

内院是近乎方形的，开阔敞亮。两条由大方砖砌成的十字甬路将院落切割成四块，正好用来植树栽花。北京四合院中植树的品种是十分讲究的，最传统的树种是海棠，春日繁花似锦，秋日果实累累，极受欢迎。有些树是绝不能种的，俗语说："桑松柏梨槐，不进府王院。"松柏树是种在陵墓的，用以水土保持，保护坟冢，不能种在住宅中。"桑"与"丧"，"梨"与"离"谐音，被认为不吉利，不能种在内院，更不能与枣树合种。其实枣树是北京住宅中广泛栽种的树种，但只能种在后院，正如鲁迅先生所写："在我的后园，可以看见墙外有两株树，一株是枣树，还有一株也是枣树。"在传统四合院中，藤萝、葡萄、丁香等都是不宜种的，但近代这些禁忌逐渐被破除了。老舍喜欢柿子树，茅盾喜欢种葡萄，郭沫若及夫人钟爱银杏树……四合院中种的树种越来越多了。（图6-52）

北京四合院中还喜欢搭天棚、摆鱼缸、摆盆栽花木，俗话说："天棚、鱼缸、石榴树。"在北京的炎夏用席子、杉篙等在院子中搭起天

图6-52　前海西街18号，郭沫若故居内草木茂盛，生机盎然的内院（作者提供）

图6-53　史家胡同53号的内院（作者提供）

此院曾是清末名妓赛金花和其夫洪钧的宅邸，现为由邓颖超题写馆名的好园宾馆。

棚，天棚上有天窗、卷窗、花式玻璃窗，随着天气变化开启或关闭，防烈日而不碍通风。在天棚下饮茶聊天，读书游戏是何等惬意。天棚下还摆着鱼缸，缸中不仅有尾尾金鱼，还有朵朵莲花。大花盆中栽着石榴、桂花、夹竹桃、菊花、梅花……它们可以依季节摆放在室内或室外，成为可移动的绿色景观。

对于四合院，著名女作家谢冰莹在散文《北平之恋》中夸耀说："那些四合院的房子看来似乎很简单，其实很复杂；房子里面还有套房，大院子里面还有小院子，小院的后面还有花园。比较讲究点的院子，里面有假山，有回廊，有奇花异木；再加上几套古色古香的家具，点缀得客厅里特别幽静，古雅，所以谁都说北平最适宜住家。"（图6-53）

学者邓云乡在散文《老北京的四合院》中赞美说："四合院之好，在于它有房子、有院子、有大门、有房门。关上大门，自成一统；走出房门，顶天立地；四顾环绕，中间舒展；廊栏曲折，有露有藏。如果条

159

图6-54　四合院中的内院（作者提供）

件好，几个四合院连在一起，那除去合之外，又多了一个深字。'庭院深深深几许''一场愁梦酒醒时，斜阳却照深深院'……这样纯中国式的诗境，其感人深处，是和古老的四合院建筑分不开的。

　　"北京四合院好在其合，贵在其敞。合便于保存自我的天地；敞则更容易观赏广阔的空间，视野更大，无坐井观天之弊。这样的居住条件，似乎也影响到居住者的素养气质。一是不干扰别人，自然也不愿别人干扰。二是很敞快、较达观、不拘谨、较坦然，但也缺少竞争性，自然也不斤斤计较。三是对自然界很敏感，对春夏秋冬岁时变化有深厚情致。"

　　建筑学家萧默评价说："四合院所显现的向心凝聚的气氛，是中国大多数民居性格的表现。院落格局对外封闭，对内开敞，可以说是两种矛盾心理明智的融合。一方面，自给自足的封建家庭需要保持与外部世界的某种隔绝，为安全着想以避免自然与社会的不测，常保生活的宁静与私密。另一方面，因为农耕文明，中国人与大自然有一种天然的亲密关系，愿意在自家私密的空间与花草树木亲近，也反映了中国哲学天、地、人'三才合一'的思想。"（图6-54）

从建筑学的角度看，古老的四合院确实很美，但它绝不仅是一个有形的建筑实体，它还如同一个无形的文化容器，容纳着以"礼""仁"为核心，以"中庸""和谐"为准则的中国传统儒家思想的本质特征，延续着中国传统社会的秩序和规矩，洋溢着家族邻里和谐相处的情谊。

胡同与四合院是古老北京城里当之无愧的城市肌理与建筑典范，一条条胡同横平竖直，一座座四合院合纵连横，连成一片，是何等的壮观，何等的气派！

参考文献

［1］王彬，徐秀珊.北京地名典（修订版）[M].北京：中国文联出版社，2008.

［2］尹钧科，孙冬虎.北京地名研究[M].北京：北京燕山出版社，2009.

［3］北京市规划委员会，北京市城市规划设计研究院，北京建筑工程学院.北京旧城胡同实录[M].北京：中国建筑工业出版社，2008.

［4］刘保全.北京胡同[M].北京：中国旅游出版社，2008.

［5］崔敬昊.北京胡同变迁与旅游开发[M].北京：民族出版社，2005.

［6］首都博物馆，北京市档案馆.北京的胡同四合院[M].北京：北京燕山出版社，2012.

［7］王越.胡同与北京城[M].北京：中国地图出版社，2011.

［8］尼跃红.北京胡同四合院类型学研究[M].北京：中国建筑工业出版社，2009.

［9］王其明.北京四合院[M].北京：中国书店，1999.

［10］白鹤群.老北京的居住[M].北京：北京燕山出版社，1999.